유대인에게 길을 묻다

Talmud wisdom of
5000 years

유대인에게
길을 묻다

초판 1쇄 인쇄 2015년 1월 5일
초판 1쇄 발행 2015년 1월 15일

지은이 | M. 토케이어
옮긴이 | 유소운
펴낸이 | 김의수
펴낸곳 | 레몬북스(제 396-2011-000158호)
주 소 | 경기도 파주시 교하읍 문발리 535-7 세종출판벤처타운 404.호
전 화 | 070-8886-8767
팩 스 | (031) 955-1580
이메일 | kus7777@hanmail.net

ⓒ 레몬북스

ISBN 979-11-85257-17-4 (03320)

이 도서의 국립중앙도서관 출판예정도서목록(CIP)은 서지정보유통지원시스템 홈페이지
(http://seoji.nl.go.kr)와 국가자료공동목록시스템(http://www.nl.go.kr/kolisnet)에서 이용
하실 수 있습니다. (CIP제어번호 : CIP2014038218)

유대인에게 길을 묻다

Talmud wisdom of
5000 years

M. 토케이어 지음
유소운 옮김

5천 년 세월로 집적된 통찰의 기술

고대 이스라엘의 언어 히브리어로 '배움', '연구'라는 뜻을 담고 있는 『탈무드(Talmud)』는 기원전 500년부터 기원후 500년에 걸쳐 인간의 모든 사상에 대해 구전되고 해설한 것을 유대인 율법학자들이 집대성한 책이다. 원래 12,000여 페이지에 이를 만큼 그 내용이 방대한데, 그런 만큼 유대인들에게 『탈무드』는 『토라(Torah)』(모세 5경인 창세기, 출애굽기, 레위기, 신명기, 민수기에서 발췌한 유대교 경전) 다음으로 중요한 율법이자 정신적 유산이다.

유대인들은 이 『탈무드』를 통해 정신적 자양분을 취해왔다. 그 때문인지 정계·재계·학계 등 각 분야에서 세계적으로 두각을 나타내는 인물들 중 유독 유대인이 많다. 예컨대 우리에게 익숙한 스피노자, 프로이트, 아인

슈타인, 조지 소로스, 스필버그, 록펠러, 빌 게이츠 등은 모두 유대인이다.

분명 『탈무드』는 5천 년의 장구한 역사 속에서 유대인들의 힘을 키워준 인생 교과서이자 통찰의 지혜서이자 삶의 비기(秘器)라 할 만하다. 『탈무드』는 인간 삶에 대한 모든 것을 다루고 있기에 이제는 유대인뿐만 아니라 전 세계 누구나 읽어야 할 명실상부한 필독서다.

이에 본 책 『유대인에게 길을 묻다』는 오늘날 현대인의 호흡에 맞춰 '마음의 문', '진리와 지혜', '참된 인생', '사랑의 향기', '선행과 자비'를 핵심 화두로 총 5장에 걸쳐 재편집했다. 이 책을 통해 그들 유대인처럼 우리 또한 삶의 올바른 방향을 잡을 수 있을 것이다. 이제 5천 년 유대인의 인생 지혜를 우리 삶에도 적용해보자.

CONTENTS

— PART 5. 선행과 자비

PART 1

Talmud wisdom of 5000 years

마음의 문

하느님은 최초의 여자를 남자의 머리로 만들지 않았다. 여자가 남자를 지배해서는 안 되기 때문에. 하느님은
남자의 발로도 만들지 않았다. 남자의 노예가 되어서는 안 되기 때문에. 하느님은 최초의 여자를 남자의 갈비
뼈로 만들었다. 언제나 남자의 마음 가까이에 여자가 있도록 하기 위해.

01

모세와 이리

●

모세가 광야에 있는 장인의 목장에서 양치기를 할 때였다. 어느 날 그곳에 천사가 하얀 이리의 모습을 한 채 나타났다.

"하느님의 아들이여, 제 부탁을 좀 들어주세요. 배가 고파 죽을 지경이니 양 한 마리만 먹게 해주십시오."

"너는 짐승이면서 어찌 사람의 말을 하느냐?"

"당신은 언젠가는 시나이 광야에서 성스러운 책을 받게 될 것입니다. 당신은 또 금송아지가 하는 말을 듣고, 발람의 암나귀가 하는 소리를 기록하게 될 것입니다. 그런 당신이 나에게 그런 식으로 말하다니요? 제발 당신의 양 한 마리만 주십시오. 그렇게 한다면 얼른 달려가 하느님의 깊은 뜻을 명심하여 열심히 살겠습니다."

"그리고 싶어도 이 양들은 나의 장인 소유라 내 마음대로 할 수가 없다. 나는 남의 소유물을 아무렇게나 다루는 날품팔이가 아니라, 라반의 양을 충실히 지키며 낮에는 더위를, 밤에는 추위를 참고 견뎌야만 했던 족장 야곱과 마찬가지이다. 나는 장인의 양들을 소중하게 다루어야 한다. '진실한 마음을 갖는 자만이 에덴동산을 얻을 것이다'라고 선조들도 항상 이르셨다."

"나는 당신의 말만 듣고는 굶주린 배를 채울 수 없습니다. 당신이 마음대로 할 수 없다면 당신의 장인에게 가 양 한 마리를 나에게 주어도 좋은지 물어보고 오지 않겠습니까?"

"만일 그대의 말을 듣고 이 자리를 비운다면 그동안 누가 이 양들을 돌보겠느냐? 혹 이리나 맹수가 달려들면 이 양들은 어찌 되겠느냐? 그리고 바로 네가 그런 맹수 중 한 마리가 아니냐?"

"양들은 내가 돌보고 있겠습니다. 한 마리도 상하게 하지 않을 것을 맹세합니다. 하늘에 맹세코 그런 일은 없을 것입니다."

그리하여 모세는 장인에게 가 이리의 말을 전했다.

"나의 양 중에서 가장 훌륭한 놈을 그 이리에게 주게나."

장인의 허락을 받고 모세가 다시 양들이 있는 곳으로 와보니 이리는 팔베개를 하고 양들 곁에서 편안히 자고 있었다.

"장인께 물어보셨습니까?"

"우리 양 중에서 가장 훌륭한 놈을 주라고 하시더군."

이렇게 대답을 하고 이리에게 눈을 돌렸을 때, 이리는 온데간데없이 사라졌다.

02

원인과 결과

•

모세는 평소 고요하고 성스러운 곳을 찾아 홀로 기도를 올리곤 했다. 그러고 있노라면 하느님이 모세 앞에 나타나곤 하였다.

그날도 모세는 우물가의 나무 밑에 앉아 상념에 잠겨 있었다. 그때 우물가로 한 남자가 오더니 물을 떠 마시고는 다시 가던 길을 갔다. 그런데 그가 떠난 자리에는 그의 돈지갑이 떨어져 있었다. 지갑이 떨어진 것을 미처 모를 만큼 그는 갈 길만 재촉한 모양이었다. 잠시 후, 다른 남자가 그 우물가에 왔다가 돈지갑을 보게 되었다. 그 사람은 물을 뜨려다 말고 얼른 지갑을 주웠다. 그러고는 물도 마시지 않은 채 그 지갑을 품에 넣고서는 황급히 떠나버렸다. 곧 또 다른 나그네가 와 목을 축인 다음, 나무 밑에 기대어 쉬었다. 그때 저 멀리 처음에 지갑을 떨어뜨리고 간 그 남자가 나타났다. 그는 쏜살같이 달려와 우물가의 남자에게 물었다.

"여기서 무엇을 하고 계십니까?"

"목을 축이고 쉬었죠. 이제 피로가 좀 풀렸으니 천천히 일어나 볼까 합니다."

"혹시 여기 있던 지갑…… 당신이 주웠소? 탓하지 않을 테니 내게 돌려주시오."

"지갑이라니요? 무슨 말을 하는지 난 모르겠는데요?"

"이 자리에는 당신뿐이지 않소? 내가 좀 전에 우물가에서 물을 떠먹고는 실수로 지갑을 떨어뜨리고 갔단 말이오. 방금 전의 일이니까 당신 말고 다른 사람이 주웠을 리가 없어요."

"그런 소리 마세요. 난 걸치고 있는 누더기 외에는 아무것도 가진 게 없는 사람입니다. 내가 이곳에 왔을 땐 아무것도 없었어요. 정말 지갑을 잃었다면 여기 말고 다른 데 가서 찾아보는 게 좋을 겁니다."

그렇게 말다툼이 시작됐고 기어코 주먹이 오가는 험악한 지경에 이르렀다. 지금까지 모든 상황을 잠자코 지켜보던 모세는 몸을 일으켜 두 사람의 싸움을 말리려 했으나, 감정이 앞선 두 사람은 모세의 이야기를 듣지 않았다. 결국 돈지갑을 잃어버린 사람은 홧김에 상대방을 때려죽이는 큰일을 저지르고 말았다. 그 사람은 자기가 저지른 일에 놀라 달아나 버렸다.

모든 사정을 알고 있는 모세는 죄도 없이 죽임을 당한 그 남자가 몹시 불쌍했다.

'전지전능하신 하느님께선 어째서 이런 죄 없는 사람을 죽게 내버려 두셨을까?'

모세는 기도를 올렸다.

"하느님, 저는 지금 몇 가지 사건을 지켜보았습니다. 그런데 그 부당함이 이루 말할 수 없었습니다. 어떤 남자가 지갑을 잃어버렸습니다. 다음 남자는 그것을 아무런 방해도 없이 자기 소유로 했습니다. 그리고 마지막으로 결코 나쁜 일을 하지 않은 남자가 어이없게도 죽임을 당했습니다. 부주의로 지갑을 잃었던 사람은 별 중요치 않은 일로 살인까지 하게 되었습니다. 모순이 한두 가지가 아닌 줄 압니다. 하느님, 이런 일들을 어떻게 이해해야 합니까? 전능하신 하느님께서 가르쳐주소서."

모세의 간절한 기도에 이윽고 하느님이 대답을 주셨다.

"너는 내가 행한 일들이 부당하다고 생각하는 모양이구나. 인간들은 때때로 내가 하는 일을 이해 못 하는 수가 많지. 이 세상에 일어나는 모든 일이 결국 원인이 있기 때문에 발생하는 것이라는 사실을 깨닫는다면 모든 것을 이해하게 될 텐데 말이다. 오늘은 내가 너에게 특별히 가르쳐주마. 처음에 지갑을 잃어버린 사람은 아무 죄가 없는 사람이지만, 그 사람이 가지고 있는 지갑은 그의 아비가 훔친 지갑이니라. 그리고 당시에 그 지갑을 도둑맞은 사람은 바로 우물가에서 지갑을 주운 사람이었다. 또한 죽음을 당한 사람은 아주 오래전에 지갑을 잃어버렸던 사람의 형을 살해한 일이 있었다. 아무도 그 광경을 본 사람이 없어서 오랫동안 그 죄가 밝혀지지 않았으나 이제 내가 원수를 갚게 했느니라. 인간들은 때때로 왜 악한 사람이 잘살고, 착한 사람이 힘들게 사는지를 궁금해하는데, 상황이 그렇게 돌아가게 된 원인은 꼭 있게 마련이니라. 단지 그것이 인간들의 눈에 보이지 않는 것일 뿐이니라."

03

다윗의 판결

•

사울 왕의 시대, 한 남자가 젊은 아내를 남겨두고 세상을 떠났다. 마침 그 지역의 영주는 이 젊은 여인을 줄곧 탐하던 터였다. 영주는 여인의 남편이 죽었으므로 그녀를 자신의 처소로 불러들이려고 했다. 그 뜻을 따르고 싶지 않았던 여인은 영주 몰래 그곳을 떠나기로 마음먹었다. 그녀는 가진 금화 일부를 항아리에 나누어 담고는 그 위에 꿀을 채웠다. 그녀는 증인이 보는 앞에서 죽은 남편과 가장 절친했던 친구에게 그 항아리를 맡긴 뒤 다른 곳으로 떠났다.

그렇게 시간이 흐른 어느 날, 여인의 꿀 항아리를 맡은 사람은 그의 아들이 결혼하게 되었으므로 급하게 꿀이 필요했다. 문득 여인의 꿀이 생각난 그는 지하실로 내려가 그 꿀 항아리를 열었다. 과연 항아리 안에는 꿀이 가득 채워져 있었다. 그는 꿀을 조금 떠내었다. 그런데 이게 웬걸. 항아리 밑바닥에서 금화들이 빛나고 있었다. 그는 금화를 모두 쏟아낸 뒤, 새로 꿀을 사 항아리에 다시 가득 채웠다.

또 시간이 흘러 그 지역의 영주가 죽었다. 그 소식을 들은 여인이 마침내 돌아왔고, 그녀는 맡겨놓았던 꿀 항아리부터 다시 찾으려고 했다. 꿀 항아리를 맡은 사람이 말했다.

"내가 꿀을 맡을 당시의 증인이 보는 앞에서 항아리를 받아가는 게 좋겠소."

여인은 곧 증인을 데려왔고, 죽은 남편의 친구는 그 증인 앞에서 항아리를 돌려주었다. 옛집에 도착한 여인은 꿀 항아리의 뚜껑을 열고 안을 들여다보았다. 당연히 금화가 보이지 않았다. 여인은 너무나 억울했기에 재판관에게 가 울면서 하소연했다. 재판관은 여인에게 물었다.

"그 항아리에 금화가 들었다는 것을 아는 증인이 있는가?"

"없습니다. 저만 아는 사실입니다."

"그렇다면 나로서도 어찌할 수가 없다. 한번 사울 왕께 가보아라. 그분이라면 혹시 너에게 힘이 되어줄지도 모르겠다."

여인은 사울 왕을 찾아갔다. 사울 왕은 상급재판소로 가 판결을 받도록 명했다. 상급재판관 역시 항아리에 금화가 들어 있었음을 증언해줄 사람이 있느냐고 물었다.

"저는 금화 이야기를 아무에게도 하지 않았습니다. 그것을 알고 있는 사람은 아무도 없습니다."

"우리는 증인이 있어야만 재판을 할 수 있다. 아무도 모르고 있는 사안을 다룰 수는 없다."

재판관의 냉정한 말에 여인은 낙심하여 물러났다. 집으로 돌아가는 도중에 여인은 다윗을 만났다. 양을 치는 목동 다윗은 지혜롭기로 소문이 자자했다.

"증인이 없다고 법정에서 재판을 해주지 않아요. 내 이야기를 듣고 어느 편이 옳은지 말해주세요."

여인은 억울한 사연을 다윗에게 털어놓았다.

"그렇다면 왕께 가서 제가 재판을 해도 되는지 여쭈십시오. 왕께서 허락하시면 제가 최선을 다해 시비를 가려드리지요."

여인은 다시 사울 왕을 찾아갔다.

"폐하! 저는 돌아가는 길에 우연히 한 소년을 만났는데, 그 소년이 이 사건을 재판해보겠다고 합니다."

왕은 그 소년을 불러도 좋다고 허락했다. 여인은 곧 다윗을 왕 앞으로 데리고 왔다.

"네가 재판을 해보겠다고?"

"허락해주신다면 힘써 해보겠습니다."

"좋다. 해보아라."

다윗은 고소당한 남자를 재판정으로 불렀다. 그러고는 호소한 여인에게 문제의 항아리를 가져오라고 말했다. 여인이 그 항아리를 가져오자, 다윗은 먼저 여인에게 물었다.

"이 항아리가 틀림없습니까?"

"틀림없습니다."

다윗은 고소를 당한 남자에게도 물었다.

"이 항아리가 저 여인이 맡겨둔 것이 틀림없습니까?"

"틀림없습니다."

다윗은 재판정에 대기하고 있던 하인에게 빈 그릇을 가져오라고 명했다. 다윗은 꿀 항아리 속에 들어 있던 꿀을 모두 빈 그릇에 쏟았다. 그다음, 빈 항아리를 여러 사람이 보는 앞에서 깨뜨리고는 깨진 조각들을 유심히 살펴보았다. 다윗은 곧 항아리 파편 속에서 금화 두 닢을 찾아냈다. 굳은 꿀 항아리 밑바닥에 금화가 달라붙어 있었던 것이다. 다윗은 거짓말한 남자를 향해 즉시 명했다.

"당신이 가로챈 금화를 어서 이 여인에게 돌려주시오."

이 재판 소식은 삽시간에 퍼져나갔고, 이스라엘 백성들은 다윗의 지혜로움에 탄복했다.

04

피조물의 쓰임새

•

다윗이 식사를 한 후 한가로이 정원을 거닐고 있을 때였다. 말벌 한 마리가 거미줄에 매달린 거미를 공격했다. 그때 미치광이 사내아이 하나가 달려와 손에 든 막대기로 말벌과 거미를 쫓아버렸다. 이를 본 다윗이 하느님께 물었다.

"하느님, 말벌과 거미는 도대체 무슨 쓸모가 있습니까? 말벌은 사람에게 이로움 하나 주지 않고 오히려 침을 쏘아 아프게 합니다. 거미는 또 어떻습니까? 내내 실을 뽑아내지만 제 옷 한 벌 만들지 못합니다. 미치광이도 그렇습니다. 왜 창조하셨습니까? 미치광이는 사람들이 모두 피하는 위험한 존재일 뿐입니다."

하느님이 대답하였다.

"다윗아, 너는 내가 창조한 것들을 어찌 그리 생각하느냐? 언젠가는 그것들이 필요한 존재라는 걸 알게 될 것이다."

오랜 세월이 흘러 다윗이 사울 왕에게 쫓길 때, 다윗은 산속으로 들어가 한 동굴에 몸을 숨겼다. 그때 하느님은 거미를 보내어 거미로 하여금 동굴 입구에 거미줄을 치게 했다. 다윗을 추적하던 사울 왕이 동굴 입구를 살피다가 거미줄이 쳐진 것을 보고는 중얼거렸다.

"거미줄이 그대로인 것을 보니 이 동굴엔 아무도 드나들지 않았군."

사울 왕은 동굴을 제대로 살피지 않고 그냥 지나쳐버렸다. 덕분에 목숨을 건진 다윗은 동굴 입구에 거미줄을 친 거미에게 입을 맞추며 말했다.

"고맙다, 거미야. 이제야 하느님이 너를 왜 창조하셨는지 알겠구나."

다윗은 가드 왕이 통치하는 아기스 땅으로 도망쳤다. 그러나 그곳도 안전한 곳은 못 되었다. 과거 다윗이 골리앗을 죽인 탓이었다. 당연히 그곳은 골리앗의 원수 다윗에게 복수하려고 혈안이 되어 있는 증오의 땅이었다. 그랬기에 다윗은 아기스 땅에서 미치광이 흉내를 내었다. 마침 가드 왕에게는 정신 상태가 비정상적인 딸이 하나 있었다. 다윗이 끌려왔을 때, 왕은 화를 내면서 신하들을 꾸짖었다.

"그대들은 나를 조롱하는 것인가? 나에게는 정신이상자 딸이 있거늘, 어찌 또 바보 하나를 끌고 온단 말이냐? 내게 아직도 바보가 부족하단 말인가?"

미치광이 흉내를 낸 덕분에 다윗은 무사히 풀려났다. 다윗은 하느님께 감사의 기도를 올렸다.

다윗은 하길라 산에 이르렀다. 그곳에는 사울 왕이 장수 아브넬과 함께 진을 치고 있었다. 아브넬은 사울 왕을 보호하느라 왕 곁에서 다리를 구부리고 자고 있었다. 다윗은 슬금슬금 다가가 아브넬의 무릎 사이로 손을 뻗어 사울 왕 옆에 있는 물병을 잡으려고 하였다. 그 순간 공교롭게도 아브넬이 구부렸던 다리를 쭉 뻗었다. 다윗의 작은 몸은 커다란 기둥 같은 아브넬의 두 다리 사이에 끼어 옴짝달싹 못하게 되었다. 곤경에 빠진 다윗은 하느님께 도움을 청했다. 그러자 하느님이 말벌을 보냈다. 말벌이 예리한 침으로 아브넬의 다리를 톡 쏘았고, 아브넬은 반사적으로 뻗었던 다리를 굽혔다. 그 틈을 놓치지 않은 다윗은 아브넬의 두 다리 사이에서 빠져나왔고, 하길라 산에서 무사히 돌아올 수 있었다.

'아무런 의미 없이 세상에 창조된 것은 없구나!'

깊은 깨달음을 얻은 다윗은 하느님께 감사의 기도를 올렸다

05

배은망덕의 대가

•

어느 추운 겨울날, 한 노인이 길을 가다가 얼어 죽기 일보 직전인 뱀한 마리를 발견했다. 자비로운 노인은 그 뱀을 불쌍히 여겨 조심스럽게집어 자기 품속에 품었다. 노인의 온기로 차츰 원기를 회복한 뱀은 슬슬다른 생각을 품기 시작했다. 드디어 완전히 힘을 되찾은 뱀은 생명의 은인인 노인의 몸을 둘둘 감아 옥죄어 죽이려고 했다. 놀란 노인이 뱀에게큰 소리로 꾸짖었다.

"이 배은망덕한 놈 같으니라고! 얼어 죽을 것을 불쌍히 여겨 살려주었거늘, 감히 나를 죽이려고 해? 이 무슨 경우냐? 자, 함께 재판관 앞에 가서 따져보자."

"좋다. 그럼 누구를 재판관으로 세우지?"

"길을 가다가 맨 처음으로 만나는 자를 재판관으로 삼자."

"좋다."

노인과 뱀은 함께 길을 가기 시작했다. 얼마 안 가 저쪽에서 황소 한 마리가 오는 게 보였다. 황소를 불러 세운 노인은 황소에게 그동안 일어났던 일을 모두 이야기했다. 노인의 말이 끝나자 뱀이 한마디했다.

"나는 당연한 일을 하고 있는 중이네. 성서에도 나와 있지 않은가. '뱀과 여자의 후손은 원수가 되게 한다'라고……."

묵묵히 듣고 있던 황소가 점잖게 판결을 내렸다.

"뱀의 말이 맞는 것 같군. 성경에서 그렇게 말하고 있다면 인간이 뱀에게 아무리 자비를 베풀었어도 뱀은 악하게 보답을 해도 좋을 거야. 사실, 그동안 우리는 너무 푸대접을 받아왔어. 나의 주인만 봐도 그래. 나는 아침부터 저녁까지 주인을 위해 열심히 일하는데도 주인은 내게 고마워할 줄 모르지. 주인은 하루 종일 놀면서 맛있는 음식만을 골라먹고 내게는 찌꺼기조차 주는 걸 아까워한단 말이야. 또 잠자리는 어떻고? 자기는 따뜻한 침대에서 포근히 자면서 내가 마당에서 덜덜 떨며 자든 말든 신경도 안 쓰지."

처음에 점잖게 말하던 황소는 점점 흥분하였다. 황소는 과격하게 욕을 내뱉으며 인간에 대한 불만을 한바탕 쏟아붓고 자리를 떠났다.

노인은 황소의 엉터리 판결에 화를 내며 다시 뱀과 함께 계속 길을 갔다. 이윽고 이리 한 마리를 만났다. 노인은 또 이리에게 상황을 설명하고 재판을 부탁했다. 이야기를 다 들은 이리는 노인과 뱀을 번갈아보더니, 황소와 똑같은 판결을 내렸다. 역시 화가 난 노인은 다윗 왕에게 가 재판을 받자고 뱀에게 말했다.

결국 노인과 뱀은 다윗 왕 앞에 나서게 되었다. 그러나 다윗 역시 노인에게 유리한 판결을 내려주진 않았다.

"성서에서도 말했듯이, 뱀과 인간은 원수지간이다. 그러니 뱀이 그대를 해친다 해도 나로서는 어쩔 도리가 없다."

노인은 눈물을 흘리며 다윗 왕 앞을 물러나왔다. 그때 뜰 한편의 우물가에서 혼자 놀고 있는 솔로몬 왕자가 노인의 눈에 띄었다. 솔로몬 왕자는 우물에 빠진 아버지 다윗 왕의 지팡이가 물 위로 떠오르도록 하기 위해 우물 안으로 돌을 던지고 있었다. 노인은 솔로몬의 그런 행동에서 왕자가 범상치 않음을 알아챘다.

'저 왕자에게 내 사정을 말해야겠어. 어쩌면 저 왕자가, 내가 옳다는 것을 증명해줄지도 모르겠어.'

노인은 솔로몬 왕자에게 다가가 뱀이 자기에게 했던 못된 행동을 소상히 이야기했다.

"아버님께 이런 이야기를 자세히 말씀드렸습니까?"

"물론 그랬습니다. 그러나 왕께서는 당신의 힘으로도 저를 구해줄 길이 없다고 하시더군요."

"그랬나요? 어디 우리 같이 아버님께 가봅시다."

그리하여 솔로몬 왕자와 노인 그리고 뱀은 다시 다윗 왕 앞에 서게 되었다.

"폐하께서는 이 사건을 해결할 수 없다고 하셨습니다. 무슨 까닭으로 그리 말씀하셨는지요?"

"성서의 가르침을 따르다 보니 그렇게 판결할 수밖에 없었느니라."

"폐하, 그렇다면 이 사건을 제게 한번 맡겨보시겠나이까?"

솔로몬의 요청에 다윗 왕은 잠시 아들을 바라보았다. 아들의 총명함을 익히 아는지라, 다윗 왕은 그 요청을 받아들였다. 솔로몬 왕자는 먼저 뱀에게 물었다.

"너는 왜 네 생명을 구해준 사람에게 해를 끼치려고 하는 것이냐?"

"그것은 아까도 말했지만 하느님이 저에게 명하셨기 때문입니다."

"그럼 너는 성서에 나와 있는 것이라면 무엇이든지 따르고 있느냐?"

"물론입니다."

"그래? 그렇다면 너는 이런 말을 들어보았느냐? '서로 다투고 있는 두 사람은 재판관 앞에서는 반듯하게 서 있어야 한다'는 율법 말이다. 네가 성서를 그렇게 존중한다면, 너는 즉시 그 노인의 몸에서 떨어져 반듯하게 서 있지 않으면 안 될 것이다."

"아, 그렇다면 그렇게 하겠습니다."

뱀은 대답과 동시에 노인의 몸에서 떨어져 나와 노인 옆에 자리를 잡았다. 그러자 솔로몬 왕자는 노인을 향해 판결을 내렸다.

"성서에 '여자의 후손이 뱀의 머리를 상하게 할 것이요'라고 기록되어 있으니, 성서가 명하는 대로 빨리 하시오!"

노인은 즉시 지팡이로 뱀의 머리를 힘껏 내려쳤다. 그렇게 뱀은 배은망덕한 죄로 죽임을 당하고 말았다.

06

솔로몬의 지혜

●

어느 날, 다윗 집안의 아이들이 모여서 식사를 하고 있었다. 식사 메뉴로 삶은 달걀이 나왔는데, 배고픈 것을 참지 못한 한 아이가 자기 몫으로 나온 달걀을 허겁지겁 먹어치웠다. 이윽고 다른 아이들도 달걀을 먹기 시작했다. 그 순간 자기 접시만 텅 비어 있는 게 쑥스러웠던 아이는 옆자리 아이에게 달걀 한 개만 빌려달라 부탁했다. 옆자리 아이는 빌려주긴 하겠는데 그 대신 조건이 있다고 말했다.

"빌려준 달걀을 내가 돌려달라고 할 때, 그 달걀뿐만 아니라 그동안 그 달걀이 내게 가져다줄 이익까지 전부 계산하여 돌려준다면, 내가 달걀을 빌려줄게. 이 자리에 있는 사람들을 증인으로 하고 내 의견에 따를 수 있겠니?"

"틀림없이 그렇게 할게."

순간을 모면하려고 동의했지만 달걀을 빌린 아이는 금세 그 약속을 잊어버렸다.

어느 날, 아이는 빌려주었던 달걀을 돌려달라는 옆자리 아이의 요청을 받았다.

"그때 빌린 달걀이 하나였지? 여기 있어."

그러자 달걀을 빌려준 옆자리 아이는 이맛살을 찌푸리면서 그것을 받으려고 하지 않았다.

"왜 하나야? 그보다 훨씬 많잖아."

의견이 서로 갈린 두 아이는 다윗에게 시비를 가려달라고 하기로 합의했다.

다윗 앞에 나아간 두 아이는 달걀을 빌렸을 때의 상황을 설명하고는 저마다 자기 의견을 덧붙여 말했다.

"저는 하나만 빌렸을 뿐입니다. 그러니 하나만 주면 됩니다."

"그러니까 저는 달걀 한 개가 아니라 그동안 그것이 만들어냈을 이익까지 전부 받아야겠습니다."

두 아이의 말을 듣고 다윗은 달걀을 빌린 아이에게 빌렸던 것을 전부 갚으라고 말했다.

"만약 그동안의 것까지 쳐서 모두 갚는다 해도, 저는 그것이 얼마나 되는지, 대체 얼마를 갚아야 하는지 도무지 모르겠습니다."

빌려준 아이는 자신의 셈법으로 말했다.

"첫해에는 그 달걀에서 병아리 한 마리가 부화되어 나옵니다. 그 병아리가 두 번째 해에는 열여덟 마리의 새끼를 치게 되죠. 세 번째 해에는 열여덟 마리의 병아리가 커서 각각 열여덟 마리의 새끼를 낳을 것 아닙니까? 이런 식으로 매년 계산하다 보면……."

그러고 보니 그것은 어마어마한 숫자였다. 달걀을 빌린 아이는 어떻게 해야 할지 몰라 난처해하며 법정을 나왔다. 마침 솔로몬이 법정 밖에 있는 것을 본 아이는 솔로몬에게 자기의 딱한 사정을 하소연했다.

"그래, 왕께서는 어떻게 심판하셨느냐?"

"달걀 한 개에서 생길 수 있는 이익을 전부 합쳐 갚아야 한다고 하셨습니다. 그 엄청난 숫자의 닭을 제가 어떻게 감당해야 할지……."

아이의 말을 듣고 난 솔로몬은 잠시 생각에 잠겼다. 잠시 후, 그 아이에게 좋은 지혜를 일러주었다.

"내가 하라는 대로만 하면 잘될 것이다. 밭에 가 서 있다가 왕의 군대가 지나갈 때, 삶은 콩을 심고 있다고 대답해야 해. 너의 대답을 들으면 아마 병사들이 무슨 뚱딴지같은 소리인가 의아해하며 물을 것이야. 그러면 '삶은 달걀에서 병아리가 나온다는 얘기를 들어본 적이 있습니까?' 하고 대답하란 말이다."

아이는 즉시 밭에 나가 솔로몬이 말해준 대로 밭이랑 사이에 콩을 심기 시작했다. 아니나 다를까. 그곳을 지나가던 병사들이 궁금해서 물었다.

"뭘 심고 있는 것이냐?"

"삶은 콩을 심고 있습니다."

"삶은 콩을? 삶은 콩을 밭에 심는다고 싹이 돋겠느냐? 별소릴 다 듣겠네."

소년은 그 말이 떨어지자마자 대답하였다.

"그러면 삶은 달걀이 부화되어서 병아리가 되었다는 말을 들은 적 있습니까?"

병사들이 지나칠 때마다 똑같은 내용의 질문과 대답이 오가는 사이, 이 이야기가 어느새 다윗 왕의 귀에까지 들어가게 되었다. 왕은 곧 아이를 불렀다.

"그렇게 행동한 것은 네 생각이었느냐?"

"네, 그렇습니다."

아이는 그렇게 대답하였으나 왕은 틀림없이 솔로몬이 지혜를 빌려주었을 것이라고 생각했다. 그리하여 아이에게 재차 묻자, 아이는 솔로몬이 일러준 것이라고 이실직고를 했다. 왕은 솔로몬 왕자를 불러 달걀 사건을 어떻게 해결하는 게 좋겠느냐고 물었다.

"제 생각으로는 이 아이는 달걀 한 개만 돌려주면 될 것 같습니다. 물에 삶은 달걀이 결코 병아리가 될 수는 없으니까 말입니다."

솔로몬 덕분에 아이는 달걀 한 개만 돌려주는 것으로 일을 매듭지을
수 있었다.

07

두 사람 몫의 유산

●

어느 날, 죽은 혼령들의 왕인 아스모데우스가 솔로몬 왕을 찾아와서 물었다.

"이 세상에서 가장 지혜롭다고 알려진 분이 바로 당신입니까?"

"하느님께서 그렇게 만드셨지요."

"제가 왕에게 이제껏 보지 못한 생명체를 보여드릴까요?"

"이제껏 보지 못한 생명체라니, 무엇을 말하는지 정말 궁금하군요."

아스모데우스는 즉시 팔을 뻗어 땅 밑에서 머리가 둘이고 눈이 넷인 인간을 꺼냈다. 그 인간을 보자 등골이 오싹해진 솔로몬은 그 하계 인간을 다른 방에 가두도록 명했다. 그러고는 군대의 대장인 베니야를 불러 물었다.

"이 세상 밑에 또 다른 인간이 살고 있다는 이야기를 들은 적이 있느냐?"

"부왕의 고문으로 있었던 한 나이 많은 신하로부터 그런 이야기를 들은 기억이 있습니다."

"내가 그대에게 그 인간을 보여주겠다면 어찌할 텐가?"

"어떻게 그럴 수가……. 하계에 가려면 오백 년도 더 넘게 여행해야 한다고 합니다. 아무리 왕이시라도 그렇게 먼 나라에 가 사람을 데려온다는 것은 불가능합니다."

곧 솔로몬은 머리가 둘 달린 인간을 데려오게 했다. 그 모습을 난생처음 본 베니야는 얼른 손으로 눈을 가리며 부르짖었다.

"아니, 세상에 저리 생긴 인간이 있다니!"

싱긋 웃음을 띤 왕은 그제야 기괴한 인간에게 물었다.

"그대는 사람이냐, 귀신이냐?"

"저희도 이곳 백성들처럼 사람입니다. 단지 저희는 하계에서 사는지라 지상의 사람들과 교류가 없었을 따름입니다."

"그대의 나라에도 해가 있고 달이 있는가?"

"물론입니다. 저희는 농사를 지을 뿐만 아니라 소와 양도 기르고 있습니다."

"해가 뜬다고? 어디서 떠오른단 말이냐?"

"해는 서쪽에서 떠 동쪽으로 집니다."

솔로몬이 다시 물었다.

"그대들도 하느님께 기도하는 법을 알고 있는가?"

"저희는 항상 전지전능하고 위대한 하느님을 찬양하고 있습니다."

"그대는 그대의 나라로 돌아가고 싶은가?"

"네! 속히 저의 나라로 돌아가고 싶습니다."

솔로몬은 아스모데우스를 불러 이 괴이한 인간을 하계로 다시 데려다 줄 것을 부탁했다. 그러나 아스모데우스는 난색을 표했다.

"이 세상에 나오면 두 번 다시 하계로 돌아갈 수 없습니다."

하계 인간은 할 수 없이 이스라엘에서 살게 되었다. 그는 어여쁜 여자를 만나 결혼했고, 자녀를 일곱 명이나 두었다. 자녀들 중 여섯 아이는 어머니를 닮았고, 한 명만 아버지를 닮아 머리가 둘이었다. 세월이 흘러, 하계 인간은 죽으면서 자식들에게 막대한 재산을 남겼다. 유산을 나눌 때가 되어, 어머니를 닮은 여섯 명이 말했다.

"우리는 모두 일곱 명이니 일곱 등분을 하자."

그러자 머리 둘 달린 한 명이 말했다.

"우리는 모두 여덟 명이다. 나는 두 사람이나 마찬가지니 두 사람 몫의 유산을 주어야 한다."

며칠을 두고 다투었으나 해결은커녕 형제간 우애만 금이 갔다. 결국 주변 어른들이 솔로몬에게 가 재판을 받아보라고 일러주었다.

재판을 맡은 솔로몬은 처음에는 어찌해야 좋을지 몰라 덕망 있는 장로들에게 의견을 물었다. 그러나 그들에게도 별다른 수가 없었다. 솔로몬은 다음 날에 있을 재판을 앞두고 하느님께 기도했다.

"제게 좋은 지혜를 빌려주옵소서."

다음 날, 솔로몬은 법정을 개정하고 방청객들 앞으로 머리가 둘 달린 이를 불러들였다.

"나는 이 자가 정말 두 사람인지, 아니면 한 사람이지 시험해볼까 하오."

솔로몬은 펄펄 끓인 물과 포도주 그리고 헝겊을 가져오게 했다. 곧 솔로몬은 물과 포도주를 섞은 후 그 속에 헝겊을 넣어 적셨다. 그러고는 뜨거워진 헝겊을 머리 둘 가진 이의 한쪽 얼굴에 갖다 댔다. 그러자 두 개의 머리가 동시에 울부짖었다.

"왕이시어, 잘못했습니다. 뜨거워 못 참겠습니다. 아아, 우리는 하나입니다. 제발 이 뜨거운 헝겊을 치워주세요."

방청객들은 일제히 머리 둘 달린 이를 향해 거짓말쟁이라고 소리치기 시작했다. 솔로몬은 머리 둘 가진 이를 꾸짖은 뒤, 재산을 일곱 등분으로 갈라 형제들에게 나눠주었다.

08

사라진 말

•

솔로몬은 시간이 날 때마다 장기를 즐겨 두었다. 지혜롭기로 소문난 만큼 장기 기술 또한 남달랐다. 솔로몬은 상대방의 속마음을 꿰뚫어보듯 능수능란하게 수를 읽고 말을 놀려 한 번도 지는 일이 없었다.

어느 날, 솔로몬은 그의 고문인 베나야와 함께 장기를 두었다. 깊이 생각을 하며 한 수 한 수 이어가는 솔로몬인지라 장기가 시작된 지 얼마 되지 않아 베나야의 패색이 짙어졌다. 이제 베나야가 둘 차례였지만, 묘한 수에 빠져 어떻게 손을 써야 될지 몰라 우왕좌왕했다. 그때 성 밖에서 싸우는 소리가 들려왔다. 그 소리가 제법 크게 들렸기에 호기심이 생긴 솔로몬은 장기를 두다 말고 창가로 가 밖을 내다보았다.

베나야는 그 틈을 타 솔로몬의 장기 중 한 개를 슬쩍 감추었다. 솔로몬은 다시 돌아왔지만, 말 한 개가 부족하다는 것을 눈치채지 못한 채 계속 장기를 두었다. 시간이 흐르면서 왕의 형세는 차츰 불리해졌고 급기야 패한 것을 인정하지 않을 수 없게 되었다. 항상 지기만 하던 베나야가 처음으로 승자가 되었다.

솔로몬은 패했다는 것에 화가 났다. 자신보다 잘 두는 사람은 없다고 생각했는데 갑자기 베나야가 유력한 경쟁자로 떠오른 것이다.

솔로몬은 패한 이유를 알아보려고 처음 시작할 때처럼 말을 재배치했다. 그러고는 곰곰이 생각하면서 처음부터 하나씩 복기했다. 마침내 말 하나가 중간에 사라진 사실을 발견했다.

'내가 밖을 살피러 창가로 갔을 때 베나야가 말 하나를 숨긴 게 틀림없어. 그러고 보니 패색이 짙었던 베나야가 그다음부터 이기기 시작했단 말이지. 나를 속이다니, 괘씸한지고! 내 반드시 스스로 고백하게끔 만들리라.'

솔로몬은 그 후에도 베나야에게 아무 내색을 하지 않았다.

어느 날, 왕이 어둠 속 창밖을 내다보았다. 그때, 어깨에 자루를 맨 험상궂은 사내 둘이 수군대면서 지나가고 있었다. 차림새로 보나, 하는 짓으로 보나 도둑질을 하러 가는 것이 틀림없었다.

솔로몬은 곧 방으로 돌아와 왕의 옷을 벗고 허름한 평민의 옷으로 갈아입었다. 그러고는 거리로 나가 그 두 사내를 따라갔다. 이윽고 두 사내를 불러 세운 솔로몬은 그들과 인사를 한 후 좋은 계획을 하나 제안하겠다고 말했다.

"나도 과거엔 도둑질깨나 한다는 사람이었소. 자, 여기 왕이 거처하는 방 열쇠가 있소. 나는 그곳의 구조가 어떻게 되어 있는지도 잘 안다오. 오래전부터 왕궁을 털 생각으로 계획을 세워왔는데 미처 용기가 나지 않아 시간만 낭비하고 있었소! 어떻소? 나와 함께하겠소?"

두 사내는 솔로몬의 계획을 좀 더 자세히 듣고는 그럴싸하다고 생각했고, 즉시 함께 일하기로 했다.

"왕궁의 구조를 잘 안다고 했으니까, 당신이 앞장서시오. 물건 훔치는 일은 우리가 할 테니⋯⋯."

"좋소. 하지만 지금은 너무 일러서 안 되오. 예루살렘 성이 어둠에 완전히 잠길 때까지 좀 더 기다립시다."

이윽고 한밤중이 되자 솔로몬은 두 도둑에게 행동을 개시하자고 말했다. 솔로몬을 따라 궁전으로 들어간 두 도둑은 여기저기 널려 있는 진귀한 것들에 눈이 휘둥그레졌다. 그들은 아무 물건이나 잡히는 대로 자루에 넣으려고 했다.

"이런 물건은 가져가나마나 부피만 차지할 뿐이오. 저쪽으로 가면 이런 것보다 몇 배나 더 값진 보물이 있으니 그쪽으로 갑시다."

생전 처음 보는 보물들에 얼이 빠진 도둑들은 솔로몬이 이끄는 대로 따라갔다.

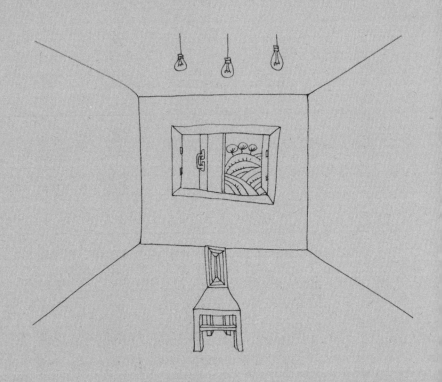

"자, 마음껏 가지시오. 나는 그동안 밖에 나가 망을 보고 있을 테니까."

솔로몬은 밖으로 나오자마자 문을 닫고 빗장을 걸었다. 그러고는 왕의 위엄을 갖추고 호위병을 불렀다.

"내 방에 도둑이 들어왔다. 지금 방에 있으니 절대로 빠져나가지 못하게 하라."

다음 날 아침, 솔로몬은 재판을 열었다.

"이곳에 있는 공명정대한 장로 이하 여러분, 이 자리에는 현장에서 붙잡은 도둑들이 있소. 이들은 보통 물건도 아닌, 왕의 물건을 훔친 자요. 이들을 어떻게 벌하면 좋겠소? 그대들의 의견을 말해보시오."

왕의 말을 듣고 있는 베나야는 몸이 오들오들 떨리고 심장이 쿵 내려앉는 것만 같았다. "왕의 물건을 훔친 자"라고 했는데 그건 꼭 장기 말을 훔친 자신을 두고 하는 말 같았다. 그리고 이 재판은 자기를 처벌하려고 열린 거라는 생각이 들었다. 판결이 내려질 때까지 가만히 있으면 한층 더 큰 벌을 받게 될 거라고 생각한 베나야는 얼른 왕 앞으로 나아가 무릎을 꿇고 용서를 빌었다.

"죽을죄를 지었습니다. 그때 왕께서 창가로 가셨을 때 제가 몰래 왕의 말 한 개를 숨겼습니다. 제가 이겼던 것은 그 때문입니다. 왕이시여, 두 손 모아 비오니 제발 용서하여주옵소서."

솔로몬은 진땀을 뻘뻘 흘리며 용서를 비는 베나야를 내려다보면서 껄

껄 웃었다.

"너무 걱정하지 말게. 그 일 때문에 법정을 연 것은 아니니까. 그런 사소한 일은 이미 오래전에 잊어버렸네. 어제 저녁에 내 방에 들어와 보물을 훔치려던 도둑을 잡았기에 그 도둑들을 재판하려고 이 법정을 연 것이네. 법관 여러분, 부디 정당한 심판을 내려주기 바라오."

솔로몬은 베나야를 직접 꾸짖지 않고도 베나야 스스로 실토하게 만들었다.

09

돈을 훔친 범인

•

안식일에 유대인 세 사람이 예루살렘에 도착했다. 그들은 소지하고 있던 돈을 함께 땅속에 묻었다. 며칠 뒤, 그들은 돈을 묻어둔 곳으로 가 땅을 팠다. 그런데 마땅히 있어야 할 돈이 사라졌다. 세 사람 중 누군가 한 사람이 몰래 돈을 빼돌린 게 분명했다. 그들은 지혜로운 임금으로 알려진 솔로몬 왕을 찾아가 돈을 빼돌린 자를 밝혀달라고 애원했다. 솔로몬이 말했다.

"그대들 모두 현명한 사람 같으니, 내 지금 고심 중인 문제를 풀어준다면 나 또한 그대들의 문제를 풀어줄 것이다."

그들 모두가 동의하자 솔로몬이 이야기를 시작했다.

젊은 여인이 한 남자와 결혼을 하기로 약속했다. 하지만 얼마 지나지 않아 그녀는 또 다른 남자와 사랑에 빠졌다. 그래서 그녀는 약혼자를 만나 헤어져줄 것을 요구했다. 그녀는 대신 얼마든지 위자료를 지불하겠다고 했다. 그러나 약혼자는 위자료는 필요 없다며 파혼을 해주었다.

며칠 뒤 한 노인이 그녀를 납치했다. 그녀에게 많은 돈이 있다는 사실을 노인이 알았기 때문이다. 그녀가 말했다.

"나는 결혼하려고 약속했던 남성에게 파혼을 요구했는데, 그는 위자료도 받지 않고 헤어져주었습니다. 당신도 그처럼 나를 놓아주어야 합니다."

결국 노인은 돈을 요구하지 않고 그녀를 풀어주었다.

이야기를 끝낸 솔로몬이 세 사람에게 물었다.

"이 가운데서 누가 제일 칭찬받아야 할 사람이겠는가?"

첫 번째 사람이 말했다.

"맨 처음 그녀와 약혼했지만 파혼하고도 위자료를 받지 않은 채 그녀를 자유롭게 놓아준 남자가 칭찬받아야 합니다."

두 번째 사람이 말했다.

"아닙니다. 칭찬받아야 할 사람은 그녀입니다. 진심으로 사랑하지 않는 남자에게 솔직히 파혼을 요구했으니까요."

마지막 세 번째 사람이 고개를 갸웃거리며 말했다.

"이야기의 의미가 무엇인지 도통 모르겠습니다. 돈 때문에 여자를 납치했으면서 돈도 빼앗지 않고 풀어주다니, 저는 도무지 이해할 수 없습니다."

순간 솔로몬이 세 번째 사람에게 호통을 쳤다.

"네, 이놈! 네가 범인이구나! 저 두 사람이 애정 문제와 그 주변 문제에 줄곧 신경 쓰는 동안 너는 온통 돈에만 신경을 썼다. 도둑은 필시 네놈이렷다!"

10

죽은 후에 남는 것

•

하느님 축복으로 세상 만물의 지배자가 된 솔로몬. 그의 영토는 이 끝에서 저 끝까지 말로 표현할 수 없을 만큼 넓었다.

솔로몬은 광활한 영토를 녹색 비단과 순금 장식이 어우러진 융단을 타고 마음껏 날아다녔다. 그의 곁에는 늘 곁에서 시중을 드는 자들이 있었다. 한 명은 인간 '아사후'였고, 또 한 명은 정령 '레미라트'였다. 또 다른 신하로는 백수의 왕 '사자'와 새의 왕 '오질로와시'가 있었다. 솔로몬 일행은 융단을 타고 밤낮으로 꼬박 열흘을 동서남북과 천지를 구별하지 않고 날아다녔다.

그러던 어느 날이었다. 솔로몬은 하늘 높은 곳에 올라갔다가 멋진 성을 발견했다.

"나는 한 번도 이처럼 기막힌 성을 본 적이 없다."

그 성의 아름다움에 매혹된 솔로몬은 성 앞에서 융단을 착륙시켰다. 그러고는 시중꾼들을 데리고 성으로 다가갔다. 그 성은 멋지고 아름답기 이를 데 없었기에 그들은 마치 에덴동산에 온 느낌이었다. 솔로몬은 주위를 한 바퀴 돈 후, 성 안으로 들어가기 위해 입구를 찾았다. 그런데 어찌된 일인지 아무리 봐도 성 입구가 보이지 않았다.

"입구가 어디인지 도무지 모르겠군. 누가 좀 찾아봐라."

레미라트는 부하들을 불러 성 곳곳을 살피도록 했다. 지붕 꼭대기까지 살핀 부하들이 레미라트에게 보고했다.

"늙은 독수리 외에는 아무것도 보이지 않습니다."

솔로몬은 오질로와시에게 그 독수리를 데려오라 명했다. 곧 독수리는 솔로몬에게 인사를 올렸다.

"그대 이름은 무엇이냐?"

"에라나드라고 합니다."

"지금 몇 살이나 됐는가?"

"칠백 살입니다."

"내 그대에게 묻겠다. 그대는 이 성의 입구가 어디에 있는지 알고 있는가?"

"그 성의 입구에 대해선 제가 아는 바가 없습니다. 아, 제겐 형님이 있는데 그분이 혹시 아실지도 모르겠군요. 형님은 구백 년이나 사셨으니까 혹시 당신의 물음에 답할 수 있을지도 모르겠습니다."

솔로몬은 오질로와시에게 다시 명하여 에라나드가 말한 9백 살 된 독수리를 데려오도록 했다. 얼마나 지났을까, 9백 살 된 알레보이라는 독수리가 오질로와시와 함께 나타났다. 그러나 그 독수리 역시 성의 입구에 대해선 아는 바가 없었다.

"저는 잘 모르겠습니다. 하지만 가장 높은 곳에 사는 저의 큰형님께 물어보면 혹시 알지도 모르겠습니다."

곧 가장 나이 많은 독수리가 왕 앞에 불려오게 되었다. 알티먼이라는 그 독수리는 나이가 1천3백 살이었다. 독수리 알티먼은 성에 관한 솔로몬의 질문에 답했다.

"제가 처음 이 성을 보았을 때에도 문이 없었습니다. 다만, 제 아버지는 성 서쪽에 입구가 있다고 했습니다. 하지만 너무 오랜 세월이 흘러서 흙과 먼지로 입구가 매몰된 것이 아닐까 사료됩니다."

"그래? 그렇다면 성 주변의 흙과 먼지를 날려버리면 문이 보일지도 모르겠구나."

솔로몬은 즉시 바람에게 명하여, 성 주변에 세찬 바람을 일으키도록 했다. 얼마 후 흙먼지는 모두 날아가고 드디어 수천 년 동안 가려져 있던 녹슨 청동 철문이 육중한 모습을 드러냈다. 솔로몬은 감탄을 연발하며 그 문으로 다가갔다. 커다란 자물쇠가 달려 있는 문에는 글귀가 적혀 있었다.

'인간들이여, 기억할지어다. 이 호화로운 성에서 우리는 오랜 세월 즐겁게 살아왔도다. 그러나 어느 해부턴가 흉년이 들면서 우리는 불행을 겪기 시작하였다. 그때는 수많은 보물도 쓸모가 없었도다. 밀 대신 진주를 가루로 빻았지만 그걸 먹을 수는 없는 일! 우리는 결국 이 성을 독수리들에게 넘겨주기로 했도다!'

자물쇠에도 글이 새겨져 있었다.

'이 성에 들어가려면 문의 오른쪽에 있는 흙무더기를 파라. 그러면 유리 상자가 나타날 것이다. 그 안에 든 열쇠로 자물쇠를 열라.'

솔로몬이 시키는 대로 하자, 문이 열렸다. 그 안에는 금으로 만들어진 두 번째 문이 나타났다. 그 문을 열자 루비, 에메랄드, 진주, 사파이어 등 온갖 보석으로 가득한 광장이 왕을 맞이했다.

광장 옆으로는 작은 방들이 연이어 여러 개 있었는데 방마다 보물이 가득 차 그 휘황찬란함에 눈이 부실 지경이었다.

솔로몬은 그중 한 방에서 은으로 만든 전갈 모양의 문을 발견하였다. 그 문을 밀어보니 쉽게 열리면서 지하로 통하는 길이 왕 앞에 나타났다. 그 지하통로의 끝에는 아름답게 치장된 문이 또 하나 버티고 있었다.

솔로몬이 다가가 살펴보니 또 다른 글이 새겨져 있었다.

'이 성에 살고 있던 사람은 일찍이 강대한 권세를 자랑하며 호화롭게 생활해왔다. 온갖 기쁨을 누리며 지냈지만 언젠가는 죽어야 할 운명이었다. 마침내 죽음이 그를 찾아왔고, 그의 생명도 다하였다. 나그네여, 이 문을 열고 나아가라. 기적을 경험할 것이다.'

솔로몬은 문을 열었다. 그러자 보물의 산이 나타났고 그 끝에 또 다른 문이 모습을 드러냈다. 그 문에도 글이 새겨져 있었다.

'이 성에 살던 사람들이 누리던 부와 명예도 죽음 앞에서는 아무 쓸모가 없었도다. 천년만년 살 것 같았던 이 성의 사람들이 모두 무덤 속에 잠든 지금, 그들의 자취는 간 곳도 없고 재물과 보화만이 후세에 전하고 있도다.'

솔로몬은 자물쇠를 열고 휘황하게 빛을 발하고 있는 보석의 방으로 들어갔다. 그 벽에는 또 이런 글이 새겨져 있었다.

'이 성을 다스리고 있는 나는 온갖 권세를 두 손에 쥐고, 이 세상의 책이란 책은 모두 읽고, 갖가지 맛있는 음식을 맛보며, 가장 아름다운 옷만 입으면서 살아왔다. 모두가 나를 두려워했지만 그런 나에게도 두려운 것이 있었다.'

솔로몬은 다음 방으로 들어갔다. 거기에는 세 개의 출구가 있었는데 문마다 문구가 새겨져 있었다.

'그대가 아무리 애를 써봐도 시간은 그대를 기다려주지 않는다. 그대도 언젠가는 노쇠하여 그의 자리를 다른 사람에게 넘겨주어야 하고, 결

국 무덤 속에 그대의 몸을 뉘어야 한다.'

'시간이 흐른다고, 세월이 변한다고 걱정할 필요는 없다. 세월은 흐르게 마련이고 변하게 마련이다.'

'길에 흩어져 있는 은을 주워 여행길에 오르라. 해가 떠 있는 동안에는 먹을 것을 준비하라. 그대가 이 세상에서 사는 시간은 그리 길지 않으니 쉬지 말고 전진하라.'

솔로몬은 세 번째 문의 문지방을 넘어 방으로 들어섰다. 그 방 한가운데에 커다란 동상들이 서 있었다. 동상들은 마치 살아 있는 생물처럼 생동감이 있어 보였다. 솔로몬이 커다란 좌상에 다가서자, 좌상이 갑자기 큰 소리로 외쳐댔다.

"동상들아, 깨어나라! 솔로몬이 왔다! 그가 우리를 해하려고 여기에 왔다! 어서 그를 막아라!"

좌상의 고함 소리가 끝나자마자 좌우에 서 있던 동상들이 코로 불과 연기를 뿜어냈고, 악마들이 나타나 일제히 소란을 피웠다. 솔로몬은 우레 같은 소리로 그들을 꾸짖었다.

"너희가 감히 나를 협박하느냐? 세상만물의 지배자인 내게 감히 누가 덤빈단 말이냐? 나에게 거역하는 놈은 가차 없이 벌할 것이다!"

이렇게 호통치며 하느님을 부르자 동상들이 모두 힘없이 쓰러져버렸고, 악마들 또한 순식간에 사라졌다. 동상, 악마 들을 일거에 물리친 솔로몬은 다시 좌상에게 접근하여 그 입에 손을 집어넣었다. 거기엔 은으로 만든 쟁반 하나가 있었는데 그 위에 글자가 섬세하게 새겨져 있었다. 그러나 영리한 솔로몬조차 난생처음 보는 문자여서 도저히 무슨 의미가 담긴 말인지 알 수 없었다.

"고생하여 겨우 여기까지 왔는데, 여기 새겨진 글의 뜻을 알 수가 없으니 말할 수 없이 허무하구나."

그때 솔로몬이 있는 곳으로 한 젊은이가 들어왔다. 그 청년은 왕 앞에 나와 정중히 절한 후 말했다.

"하느님께서 대왕을 도와주라고 저를 보내셨습니다."

솔로몬은 하느님의 은총에 감사한 뒤, 은쟁반을 젊은이에게 보여주었다. 그 글자를 살핀 젊은이가 의미를 파악했다는 듯이 고개를 끄덕이며 말했다.

"이 문자는 헬라어입니다. 이 은쟁반에 쓰인 글은, '짐은 에어드의 아들인 서다드 왕이다. 주변의 모든 나라를 지배하는 권세와 온 나라를 꽉 채울 만큼의 부를 가진 나였지만, 그러나 죽음의 사자가 가까이 오니 짐도 무력할 수밖에 없구나. 바라건대 이 글을 읽는 자는 금은보석 같은 허망한 재화에 집착하여 번뇌에 빠지지 말고, 인생의 종착역은 결국 죽음임을 명심하여 좋은 덕을 쌓는 데 힘쓰도록 하라. 죽은 후에 남는 것은 자기 이름 몇 자에 지나지 않는다는 것을 잊지 말라'라는 뜻입니다."

11

솔로몬과 시바 여왕

●

　다윗이 죽고 솔로몬이 그 뒤를 이어 왕위에 올랐을 때, 하느님은 솔로
몬에게 온갖 동물을 지배할 힘을 주었다. 그리고 어둠의 정령, 요귀와
마귀도 그의 앞에서는 무릎을 꿇도록 만들어주었다. 또 솔로몬은 짐승
들이 하는 말을 알아들을 수 있는 힘도 갖게 되었다.

　솔로몬이 왕위에 올라 태평성대를 누리던 어느 날이었다. 포도주에
얼큰히 취한 솔로몬은 기분이 좋아진 탓에 온갖 동물과 어둠의 혼을 모
두 불러들였다. 그러고는 음악을 연주하고 춤을 추면서 연회를 즐기자
고 했다. 왕의 서기관이 짐승들의 이름을 하나하나 호명하자, 호명된 짐
승들이 어디선가 나타나 솔로몬 앞에 머리를 조아렸다.

　왕이 인사를 하는 동물들에게 답례를 하고 가만히 살펴보니 뇌조의

모습이 보이지 않았다. 기분이 상한 왕은 뇌조를 잡아들여 벌을 주라고 명하였다. 왕의 명령이 떨어지고 얼마 후, 뇌조가 스스로 날아와 머리를 조아리며 왕에게 아뢰었다.

"온 세상 만물을 다스리는 왕이시여! 제가 오늘 늦은 것은 다 이유가 있기 때문입니다. 제 말을 들어보시겠습니까? 그러니까 세 달 전쯤의 일입니다. 저는 왕의 은덕을 충족히 입은 터라 아무런 걱정 없이 잘살고 있습니다만, 그렇지 못한 동물도 있는 것 같았습니다. 그래서 전 혼자 결심하였습니다. 세상 곳곳을 두루 돌아다니며 아직도 왕의 은덕이 펼쳐지지 않은 곳이 혹시 있지 않나 알아봐야겠다고 생각했습니다. 그래서 시간 날 때마다 세상 곳곳을 돌아다니던 중 시바 나라의 키틀이라는 도시에 도착하게 되었습니다. 이 키틀은 온통 순금으로 뒤덮여 있고, 은 따위는 길바닥에 쓰레기처럼 나뒹굴고 있는 곳입니다. 나무도 숲도 천지가 창조된 그때의 것들이 고스란히 남아 있어 경치 또한 말할 수 없이 아름다웠습니다. 그 나라엔 많은 사람이 살고 있는데, 그들은 활을 쏠 줄도 모를뿐더러 전쟁이라는 말조차 알지 못했습니다. 그 나라를 다스리는 사람은 '시바의 여왕'이라고 불린다고 합니다. 왕께서 명령하신다면 제가 다시 키틀로 날아가 시바의 여왕을 데려다 왕 앞에 대령하겠나이다."

뇌조의 말을 다 들은 솔로몬은 시바라는 나라가 궁금하기도 했고 여왕이라는 사람도 보고 싶어졌다. 그리하여 뇌조의 제안대로 서기관을 시켜 편지를 쓰게 하여 그것을 뇌조의 날개에 매달아주었다. 뇌조는 솔로몬의 명을 받들어 다른 새들과 함께 시바의 키틀을 향해 날아갔다.

어느 날, 아침 일찍 시바의 여왕은 기도를 올리려 궁전을 나섰다가 하늘 저 끝에서 새의 무리가 날아오는 것을 보았다. 새 떼의 숫자가 얼마나 많은지 밝게 빛나던 태양이 새 떼에 가려 주위는 칠흑으로 변하고 말았다. 놀란 여왕이 대신들과 함께 깜깜해진 하늘을 바라보고 있을 때 뇌조 한 마리가 시바의 여왕 앞으로 내려와 앉았다. 여왕은 뇌조의 날개에 편지가 매달린 것을 보고 다가가 그 편지를 풀어 읽었다.

'시바의 여왕과 신하들에게 우호의 인사를 드리는 사람은 왕 솔로몬이오. 하느님은 내게 세상의 온갖 힘을 주신 바 있소. 그리하여 이 세상의 모든 생명체와 나라는 모두 내게 조공을 바치고 있소. 그런데 단 한 나라, 당신들의 시바라는 나라만은 내게 인사조차 하지 않았던 것으로 기억하오. 만일 여왕도 다른 나라와 마찬가지로 내게 조공을 바쳐 온다면 지금까지 누구에게도 내리지 않은 경의를 표할 것이오. 그러나 만약 그대의 나라가 나의 희망을 거역한다면, 나는 강력한 군대를 동원하여 시바 왕국을 공격할 것이오. 또 정령들로 하여금 당신 나라의 백성들을 괴롭게 만들고 동물들로 하여금 전답을 모조리 밟아 망가뜨릴 것이오. 어찌하겠소? 내가 어떤 행동을 취하는가는 모두 당신에게 달렸소.'

솔로몬의 편지를 다 읽은 여왕은 대신들을 불러 모아 솔로몬의 편지 내용을 말해주고 의견을 물었다.

"솔로몬이라는 왕은 들어본 적조차 없습니다. 그의 편지에 신경 쓰지 마십시오."

대신들은 솔로몬의 위협에 넘어가지 말라고 여왕을 부추겼다. 그러나 여왕은 대신들의 의견에 귀를 기울이지 않았다. 여왕은 온 나라에 공고를 내어 사공들을 모았고, 많은 배에 값진 보물을 가득 싣도록 명하였다. 그러고는 키, 몸매, 생년월일이 같은 6천 명의 남녀를 모아 붉은 옷을 입힌 뒤 출항했다.

3년이 지난 후, 드디어 시바의 여왕은 솔로몬의 성이 있는 예루살렘에 도착했다. 솔로몬은 장군 베나야를 보내어 여왕 일행을 맞이하도록 했다. 베나야는 대단한 미남이었다. 그런 탓에 시바의 여왕은 베나야를 보자마자 솔로몬 왕인 줄 알고 인사를 하려 얼른 마차에서 내렸다. 베나야는 놀라서 그 이유를 물었다.

"왜 마차에서 내리십니까?"

"솔로몬 왕께 인사를 드리려고요."

"아, 아닙니다. 저는 왕이 아닙니다. 저는 대왕님의 곁에서 시중을 드는 사람일 뿐입니다."

그리하여 시바의 여왕은 베나야의 안내를 받으며 솔로몬에게로 나아가게 되었다.

솔로몬은 시바의 여왕이 곧 도착한다는 전갈을 받고는 성을 나와, 유리로 된 궁전으로 들어가 여왕을 맞을 채비를 하였다. 여왕은 솔로몬이 물속에 있는 듯한 착각을 하고는 옷이 젖을세라 치맛자락을 둘둘 걷어올리고 방 안으로 들어섰다. 솔로몬은 본의 아니게 여왕의 다리를 구경하게 되었다. 그런데 여왕의 다리는 남자의 다리처럼 털이 많이 나 있었다.

"나는 그대가 어떤 사람인지 무척 궁금했소. 그런데 그대의 아름다움은 다른 여자의 아름다움과 다를 바 없으나 그대의 다리는 다른 여자들보다 못하군요."

시바의 여왕이 말했다.

"왕이시여, 나는 왕께서 무척 현명하다는 이야기를 들었습니다. 이제 제가 세 가지 수수께끼를 내겠습니다. 만일 그것을 알아맞힌다면 왕께서는 소문 그대로 현자이심이 틀림없습니다. 하지만 그것을 알아맞히지 못한다면 왕은 보통 남자와 다를 바 없을 것입니다."

솔로몬은 여왕에게 수수께끼를 내보라고 말했다.

"나무로 만든 샘 속에서 쇠로 된 기구로 돌을 퍼내기 시작하면 물이 흐릅니다. 그것이 무엇입니까?"

"그것은 화장 상자요, 나무로 만든 화장 상자 속에서 조그만 쇠 수저로 눈 화장하는 돌가루를 퍼내어 눈꺼풀에 문질러 바르면 눈물이 흐릅니다."

여왕은 고개를 끄덕이고는 다음의 수수께끼를 내었다.

"흙 속에서 나와 먼지를 먹고, 반죽처럼 되어 집 안을 엿보는 것이 있습니다. 무엇일까요?"

"그것은 집을 지을 때 바르는 안료라는 것이오."

여왕은 역시 고개를 끄덕였다. 그러고는 마지막 문제를 내었다.

"갈대처럼 머리를 길게 늘어뜨리고 있다가 바람이 불면 좌우로 흔들리며 크게 울부짖습니다. 부자에게는 명예를, 가난한 사람에게는 수치심을 줍니다. 죽은 사람에게는 장식이며, 살아 있는 자에게는 고통이 됩니다. 새에게는 기쁨이며, 물고기에게는 슬픈 것······. 그것이 무엇인지 아시겠습니까?"

"모시 아닌가요? 들판에서 자랄 때는 머리를 늘어뜨리고 있다가, 돛에 달면 바닷바람에 포효하듯 울부짖고, 좋은 옷을 입은 부자는 자랑하고, 누더기를 입은 사람은 부끄러워하며, 삼베옷으로 죽은 자를 감고, 모시풀을 꼬아 교수대 밧줄로 쓴다면 교수대에서 사형당할 자에겐 고통스럽기 짝이 없겠지요. 새는 그 열매를 쪼아 먹어서 기쁘고, 그물에 잡힌 물고기에게는 슬픈 일이 아닐 수 없고······."

솔로몬의 대답을 조용히 듣고 있던 여왕은 그 지혜로움에 감탄했다.

"저는 이제껏 왕만큼 지혜로운 사람을 만나본 적이 없습니다. 당신은 역시 이 세상을 다스릴 만하십니다."

솔로몬은 시바 여왕을 궁전으로 안내했다. 궁전의 성스럽고 호화로운 광경을 보고 여왕은 솔로몬을 창조해주신 하느님께 감사와 찬양을 드렸다. 그러고는 가지고 온 보물들을 아무 망설임 없이 솔로몬에게 바쳤다.

12

여인의 지혜

•

대왕 솔로몬이 성전을 건축하기 위해 세계 여러 나라 왕과 제후에게 사신을 보내어 건축 분야에 뛰어난 기술자들을 보내달라고 요청했다. 능력과 일의 양에 비례해서 그에 상응하는 좋은 대우를 해주겠다는 말도 빼놓지 않았다.

어떤 나라에 매우 훌륭한 기술자가 있었는데, 그는 아무리 좋은 대우를 해줄지라도 예루살렘에는 가지 않겠다고 버티었다.

이유인즉, 그에겐 아름다운 아내가 있는데 혹시 자기가 집을 비우는 사이에 못된 자들이 예쁜 아내를 넘보지 않을까 하는 걱정 때문이었다. 그 땅의 영주는 그 기술자를 특별히 불러 예루살렘에 가줄 것을 부탁했다.

"솔로몬이 처음으로 부탁을 하는 것인데 나로서는 이 부탁을 거절할

처지가 못 되네. 솔로몬의 권세는 이 세상에서 으뜸이네. 자네가 성전 건축에 협력해주기를 진심으로 바라네."

그 기술자는 영주의 간곡한 청에 못 이겨 결국 승낙해버렸다. 그러나 막상 귀가하여 아내의 아름다운 모습을 보자 다시 걱정이 되기 시작했다. 그는 왜 승낙을 했는지 몹시 후회스러웠다. 아내는 남편의 어두운 얼굴을 보고는 그 이유를 물었다. 이윽고 남편의 고민을 낱낱이 듣고 난 그의 아내는 걱정하지 말라며 남편을 위로했다.

"저 때문이라면 아무 염려 마세요. 전 당신의 아내로서 언제까지나 몸을 단정히 지키고 있겠어요. 영주님과 약속하셨다면 지키는 것이 도리 아닌가요?"

아내의 위로에 어느 정도 마음이 가라앉은 기술자는 그날 하루를 꼬박 아내와 지새우고는, 이튿날 아침 일찍 일어나 예루살렘으로 갈 행장을 꾸렸다. 아내는 못내 불안해하는 남편에게 삼 가루가 들어 있는 유리 상자를 주었다.

"이 작은 상자를 항상 당신 곁에 두세요. 삼 가루 사이에 불씨가 있는 석탄 덩어리를 넣어두었어요. 삼 가루에 불이 붙지 않는 한 저의 몸이 정결한 상태이오니 마음 놓으세요."

기술자는 부인이 준 유리 상자를 몸에 지니고는 길을 나섰다.

이윽고 예루살렘에 도착한 그는 정성을 다해 성전 건축을 하였다. 한편 솔로몬은 매일 성전 건축 현장에 나와 공사의 진척 상태를 확인하고 감독하였다.

그러던 어느 날, 솔로몬은 그 기술자의 목에 매달려 있는 작은 유리 상자를 보게 되었다. 솔로몬은 궁금해서 그게 무엇이냐고 물었고, 기술자는 자초지종을 낱낱이 고했다.

그의 이야기를 듣고 난 왕은 용모가 수려한 젊은이 두 사람을 불러들였다. 그러고는 기술자의 고향에 가 그의 아내를 유혹해보라고 명했다.

왕명을 받은 두 젊은이는 기술자의 고향으로 갔다. 그리고 기술자의 집에 찾아가 하룻밤 잠자리를 청했다. 기술자의 아내는 두 미남을 친절히 잘 접대해주었다. 이윽고 밤이 깊어지자 그녀는 두 젊은이를 침실로 안내하여 편히 잘 수 있게 하였다. 두 젊은이는 침대에 눕는 척하다가 기술자의 아내를 유혹하기 위해 침실 문을 열고 나가려고 하였다. 그런데 이게 웬일인가. 문이 꼼짝도 하지 않았다. 기술자의 아내가 젊은이들이 흑심을 품지 못하도록 침실 문을 바깥에서 잠가버린 것이다.

한편 솔로몬은 매일 기술자의 목에 달린 상자를 유심히 관찰했다. 미남 젊은이들을 보낸 지 꽤 여러 날이 지났건만 그 상자에는 아무런 변화가 없었다. 조바심이 난 솔로몬은 자신이 직접 그 여인을 유혹해봐야겠다고 생각했다. 그리하여 변장을 하고는 신하 두 명만을 데리고 기술자의 집을 찾아갔다.

"저, 실례합니다. 지나가는 나그네입니다."

그 기술자의 아내는 듣던 대로 아름답고 정숙해 보였다. 이윽고 여인이 저녁상을 내왔는데 상이 무척 훌륭했다. 영리한 그녀는 손님이 다름 아닌 솔로몬 왕임을 알아챘다. 여인은 각기 다른 색깔로 칠해진 계란들을 식탁에 올려놓으며 말했다.

"드시옵소서, 왕이시여."

"뭐라? 지금 나를 왕이라 부르셨소?"

"손님의 눈빛은 제왕의 위엄으로 번득이고 있습니다. 손님에게서 풍겨 나오는 현명함과 거룩함을 감히 몰라볼 사람이 누가 있겠습니까?"

솔로몬은 이 여인의 영특함에 놀라 한동안 말을 잊지 못했다.

여인이 말을 이었다.

"이 계란을 한 개씩 드시면서 그 맛을 보아주시기 바랍니다."

대왕은 노란색, 빨간색 등등 색깔대로 하나씩 맛을 보았다. 그러고는 말했다.

"껍질 색은 저마다 다르지만 맛은 전부 한 가지구나."

"여자는 이 계란과 같습니다. 용모의 차이는 있을지 모르나 그 속은 다 똑같습니다. 왕께서 저 때문에 먼 길을 오셨다면 괜한 수고를 하신 듯합니다. 왕께서 원하신다면 저를 취할 수도 있습니다. 하지만 현자로 높이 이름난 왕이시니 이 세상의 모든 욕망은 덧없고 욕된 것이라는 사실을 익히 알고 계시리라 믿습니다."

솔로몬은 여인의 조리 있고 사리에 맞는 말을 듣고 탄복하지 않을 수 없었다.

"내 장난이 너무 심하였구나. 나의 생각이 짧아 그대의 마음을 어지럽혔다면 미안하네. 지조 있고 덕이 많은 그대에게 축복이 있기를 빌겠네."

솔로몬은 그녀에게 누이가 되어달라고 말하고는 값비싼 선물을 주고 예루살렘으로 돌아왔다. 왕은 이 자랑스러운 여인의 남편에게 그 이야기를 전했다.

"그대는 집으로 돌아가도 좋다. 그토록 좋은 여인을 아내로 맞은 그대는 진정 축복받은 자로다."

솔로몬은 다른 사람보다 열 배나 많은 보수와 상금을 기술자에게 선물하고는 고향으로 돌아가게 했다. 정숙한 여인 덕분에 왕에게 상금을 받고 칭찬을 들은 기술자는 고향으로 돌아가 자신의 아내를 더욱 사랑하고 소중히 여기며 살았다.

13

공주의 배필

●

솔로몬에게는 아주 아름다운 딸이 있었다. 솔로몬은 아름답고 사랑스러운 그 공주의 배필이 과연 어떤 사람이 될 것인지 궁금했다. 그리하여 어느 날 밤, 별자리를 살펴보았다. 그러자 신랑이 될 사람은 이 나라에서 가장 가난한 사람이 될 거라는 점괘가 나왔다. 사랑하는 딸이 가난한 남자와 결혼할 것이라는 사실에 속이 상한 솔로몬은 바다 한가운데 외딴 섬에 높은 탑을 짓고 그 주위를 돌담으로 둘러쌌다. 그러고는 그 탑 안에 공주가 살도록 했다. 그것으로도 모자라 이스라엘의 장로 중 칠십 명을 뽑아 공주를 호위하게 했다. 그리고 물과 먹을 것을 충분히 넣어준 다음, 출입문을 하나도 남기기 않고 봉해버렸다. 외부 사람은 아무도 접근하지 못하게 된 것이다.

"자, 이렇게 철저히 봉쇄해놓았으니 하느님이라도 손쓸 도리가 없으실 테지."

솔로몬은 그렇게 생각하고 안심했다.

어느 날 밤, 누더기를 걸친 한 젊은이가 허기진 배를 움켜쥔 채 쉴 곳을 찾아 헤매었다. 눈앞 풀밭에는 소의 해골이 널려 있었다. 젊은이는 조금이라도 몸을 따뜻하게 할 요량으로 소의 갈비뼈 안으로 들어가 몸을 뉘였다. 갈비뼈 안에서 잠이 들 무렵 어디선가 독수리 한 마리가 날아와서는 이 젊은이가 든 소의 뼈를 잡아채어 바다 한가운데에 있는 성의 탑 꼭대기에 떨어뜨리고 날아가 버렸다. 그 탑은 바로 공주가 거처하고 있는 탑이었다. 소의 갈비뼈가 놓여 있는 탑 지붕은 바로 공주의 방 지붕이기도 했다.

이튿날 아침 일찍 잠에서 깬 공주는 여느 때처럼 지붕 위를 쳐다보다가 젊은이를 발견했다.

"누구시기에 이런 곳에 있나요?"

"저는 유대 백성으로 앗크라라고 합니다. 거리를 헤매고 있는데 커다란 독수리가 저를 이곳에 옮겨놓았습니다."

젊은 남자를 오랜만에 본 공주는 젊은이를 자기 방으로 불러들였다. 공주는 목욕을 하게 하고 새 옷으로 갈아입게 했다. 그러자 앗크라는 몰라볼 정도로 미남이 되었다. 그는 지혜롭고 성서에도 조예가 깊었기 때문에 이내 공주의 마음을 사로잡았다.

어느 날 공주는 앗크라에게 물었다.

"저와 결혼해주신다면 그건 제게 축복이 될 겁니다. 저에게 축복을 주실 마음이 없습니까?"

"아아, 그건 제게도 크나큰 축복입니다."

앗크라는 그 자리에서 자기 손가락을 물었다. 그러고는 피를 내어 그 피로 결혼 서약의 글을 썼다.

"하느님, 이제 우리는 결혼을 약속하였습니다. 이제 저희를 축복해주옵고, 저희 사랑의 증인이 되어주소서."

앗크라와 공주는 잠자리를 같이했다.

이윽고 공주는 아기를 잉태했다. 공주를 돌보던 장로들은 공주의 몸에 이상한 기미를 느꼈다.

"저…… 공주님, 혹시 아기를 잉태한 것 아닙니까?"

"네, 그렇습니다."

공주가 아무렇지 않게 대답하자 장로들은 모두 놀랐다.

'도대체 어떻게 해서 공주가 아기를 잉태하게 되었던 말인가!'

신하들은 솔로몬의 노여움을 각오하고, 왕에게 사자를 보내 공주의 잉태 소식을 알렸다.

사랑하는 딸의 몸에 이상이 있다는 보고를 받은 솔로몬은 즉시 배를 타고 공주가 있는 외딴섬으로 왔다. 솔로몬은 공주를 불러 자초지종을 캐물었다.

"하느님께서 얼마 전에 제가 있는 이곳으로 젊은 한 사람을 보내주셨어요. 그 사람은 잘생겼을 뿐만 아니라 마음씨도 한없이 온유하고 또 재능도 많습니다. 게다가 성서에도 조예가 깊습니다."

공주의 말을 들은 솔로몬은 그 젊은이에 대한 궁금증이 생겼다. 이윽고 앗크라가 대왕 앞에 나섰다. 솔로몬은 우선 그의 씩씩한 외모에 호감이 가서 이것저것 말을 시켜보다가 그의 부모와 가족, 그리고 고향에 대해 묻게 되었다. 그런데 그의 대답을 들으니 일찍이 솔로몬이 별점을 보았을 때 공주의 배필이 된다고 했던 그 남자임이 밝혀졌다. 솔로몬은 하느님의 위대함에 다시 한 번 감탄하며 찬양하였다.

PART 2

Talmud wisdom of 5000 years

진리와 지혜

판사는 반드시 진실과 평화, 이 양쪽을 구하지 않으면 안 된다. 그렇지만 진실을 구하면 평화는 혼란에 빠지게 마련이다. 그래서 진실도 파괴하지 않고 평화도 지킬 수 있는 길을 찾지 않으면 안 된다. 이를 가능하게 하는 것이 바로 타협이다.

14

현자의 메시지

•

로마 황제가 이스라엘의 가장 위대한 현자와 친교를 맺고 있었다. 그 까닭은 두 사람의 생일이 똑같았기 때문이다. 두 나라의 관계가 그다지 원만하지 못할 때에도 두 사람은 친교관계를 계속 유지했다. 그러나 황제가 현자와 친구인 것은 두 나라 정세로 보아 환영받을 일이 아니었다. 그래서 황제가 현자에게 무엇을 물으려 할 때는, 사자를 통해 간접적인 방법을 쓰지 않으면 안 되었다.

어느 날 황제는 현자에게 사자 편으로 메시지를 보내어 물었다.

'나는 이루고 싶은 일이 두 가지 있네. 첫 번째는 내가 죽으면 아들을 황제로 삼고 싶네. 두 번째는 이스라엘에 있는 타이베리아스라는 도시를 관세 자유도시로 만들고 싶네. 나는 지금 그 두 가지 일 중 한 가지밖에 이룰 수가 없네. 두 가지 일을 한꺼번에 하려면 어찌하면 좋겠는가?"

두 나라 관계가 아주 파국으로 치닫고 있었기에, 황제의 질문에 현자가 대답했다는 사실이 알려지면 백성들에게 막대한 악영향을 끼칠 것이 명백했다. 그래서 현자는 그 질문에 답을 인편으로 보내지 않았다.

황제가 돌아온 사자에게 물었다.

"메시지를 전했을 때 현자는 무엇을 하고 있었는가?"

사자가 대답했다.

"현자는 아들을 목말 태워 비둘기 한 마리를 아들에게 주었습니다. 아들은 그 비둘기를 하늘에 날려주었습니다. 그 외에는 아무것도 하지 않았습니다."

황제는 현자가 말하려는 뜻을 짐작할 수 있었다.

'먼저 왕위를 아들에게 물려주고, 그다음에 아들이 관세 자유도시를 만들면 된다.'

다음에 또 황제로부터 메시지가 전달됐다.

'과인의 신하들이 내 마음을 괴롭히고 있다. 과인은 어찌하면 좋겠는가?'

현자는 역시 정원 앞 채소밭으로 나가 배추를 한 포기 뽑아 왔다. 잠시 후 다시 밭에 들어가 배추 한 포기를 뽑았다. 조금 지나자 다시 똑같은 일을 했다. 그것으로 끝이었다. 로마 황제는 현자의 메시지를 알 수 있었다.

'한 번에 당신의 적을 멸망시키지 말라. 몇 번으로 나누어 하나씩 없애라.'

15

갈비뼈로 만든 이유

●

구약성서에 인류 최초의 여성은 아담의 갈비뼈 한 개를 훔쳐서 만들어졌다고 기록되어 있다.

로마 황제가 어떤 현자의 집을 방문하여 그에게 물었다.

"신은 도둑이다. 어째서 남자가 잠들고 있는 사이에 남자의 허락도 받지 않고 갈비뼈를 훔쳤는가?"

현자가 대답을 하지 못하는 와중에 그의 딸이 대화에 끼어들었다.

"부하를 한 사람만 빌려주십시오. 약간 곤란한 문제가 생겨 그 문제를 해결하려고 합니다."

"그건 별로 어려운 일이 아니지만 도대체 그 문제란 무엇인가?"

"어젯밤 도둑이 집에 들어와서 금고를 하나 훔쳐 갔습니다. 그 대신에

도둑은 금 그릇을 두고 갔습니다. 어찌하여 그렇게 했는지 조사해보고
싶어서입니다."

"그것 참 부럽구나. 그런 도둑이라면, 내게도 들어왔으면 좋겠는데!"

그러자 현자의 딸은 이렇게 말했다.

"그럴 것입니다. 그것은 아담의 몸에서 일어난 일과 똑같지 않습니까?
하느님은 갈비뼈 하나 훔쳐 갔지만, 이 세상에 한 개의 갈비뼈보다 값진
여자를 남겼습니다."

16

여인의 침

•

메이어라는 랍비는 매우 설교를 잘하는 현자였다. 그는 매주 금요일 밤에 설교를 했는데 수많은 사람이 그의 설교를 듣기 위해 모여들었다. 그중 메이어의 설교를 대단히 좋아하는 한 여인이 있었다.

보통 유대 여인들은 금요일 저녁에는 이튿날의 안식일을 준비하기 위해 요리를 만들거나 다른 일을 해야 한다. 그럼에도 이 여인은 설교를 들으러 왔다.

메이어는 오랜 시간 설교를 했고, 그녀는 메이어의 이야기에 만족하고 늦은 시각에 집으로 돌아왔다. 그런데 문 앞에서 그녀를 기다리던 그녀의 남편이 벌컥 화를 냈다.

"내일이 안식일인데 요리는 하지 않고 대체 이 시간까지 어디를 다녀

온 거야?”

“메이어 랍비의 설교를 듣고 왔어요.”

남편은 몹시 화를 내며 말했다.

“당신이 그자의 얼굴에 침을 뱉고 돌아올 때까지는 집에 들여놓지 않겠어!”

결국 그녀는 할 수 없이 남편과 별거생활을 했다. 메이어 랍비는 이 소식을 듣고, 자기의 이야기가 너무 길었기 때문에 한 가정의 평화가 깨져버렸음을 깨달았다. 그는 그녀를 초대하여 자기 눈이 아프다고 호소하며 부탁했다.

“이 병은 침으로 씻어야 좋을 것 같소. 그리 하면 눈이 나을 테니까, 당신이 수고 좀 해주시오.”

그녀는 그의 눈을 향해 침을 뱉었다. 이를 본 제자들이 물었다.

“선생님은 대단히 덕망 높은 분이신데, 어찌하여 여인이 침을 뱉게 내버려두셨습니까?”

메이어 랍비가 대답했다.

“가정의 평화를 되찾기 위해서는 무슨 일이든지 해야 하느니라.”

17

백정의 선행

•

어느 날, 현자 시몬은 궁금해졌다.

'천국에서 내 자리는 어디쯤에 있을까?'

그는 하느님께 그것을 가르쳐달라고 기도했다. 하느님은 시몬의 자리가 어느 백정의 자리 바로 옆이라고 일러주셨다. 시몬은 의아한 생각이 들었다.

'나는 밤낮으로 성서 연구와 하느님을 섬기는 일에만 전념하고 있다. 나의 마음은 온통 신앙심으로 가득 차 있고, 주위에서도 나를 현명한 현자라고 칭송하고 있지 않은가. 그런데 한낱 백정을 이웃으로 해야 한다니……. 어디 한번 가서 그가 어떤 사람인지 알아봐야겠다.'

시몬은 백정이 사는 곳으로 찾아갔다. 그는 백정의 손님이 되어 백정과 몇 날을 머물렀다. 이런저런 이야기를 나누는 가운데 시몬이 백정에게 물었다.

"당신은 지금까지 어떤 일을 해왔는지 얘기를 좀 해보세요. 몹시 궁금하군요."

"뭐, 말할 게 있겠습니까? 그저 죄 많은 사람으로서 성서는 전혀 읽은 바가 없습니다. 처음부터 백정의 직업을 가졌고 덕분에 돈은 좀 벌었지요. 경제적 여유가 생긴 다음부터는 저도 선행을 베풀고 싶어서 매주 가난한 사람들에게 고기를 나누어주고 있죠. 헌금도 좀 하고요."

시몬이 다시 말했다.

"그 밖에 또 무슨 선행을 했는지 들려주세요."

백정은 과거에 잠시 몸담았던 세무원 시절의 일을 꺼냈다.

"이런 일이 있었죠. 어느 날 배가 입항하여 제가 그 배로부터 세금을 받고 막 돌아가려는 참이었지요. 돌아서는 저를 선장이 부르더군요.

'정말 멋진 물건이 있는데 살 생각 없소? 꼭 당신한테 팔고 싶은데……'

'그게 무엇인데요? 뭔지 알아야지요?'

'돈을 내기 전에는 가르쳐줄 수 없지요. 사겠소? 아니면 말겠소? 안 사겠다면 가시오.'

'얼마인데요?'

'일만 냥이오.'

'도대체 그 물건이 뭡니까? 내 꼭 살 테니 귀띔이라도 해줘요. 그 물건이 뭔지 알아야 사든 말든 할 것 아닙니까?'

'사만 냥이오. 사겠소, 말겠소?'

제가 되물을 때마다 그는 대답은 하지 않고 자꾸 값만 올렸습니다. 그래서 무엇인지는 모르지만 아주 귀한 물건이겠구나 싶어 그 물건을 사기로 했지요.

'우선 돈부터 내시오. 그럼 물건을 넘겨주겠소.'

저는 그 금액을 치렀습니다. 돈을 받은 선장은 배 밑창에 있던 창고에서 이백 명의 유대인 포로들을 끌고 와 제게 말했습니다.

'당신이 사지 않았다면 여기 이백 명의 사람들은 모두 바닷물에 빠져 고기밥이 되었을 것이오.'

저는 그 사람들을 집으로 데려가 먹이고 입혔습니다. 그중에는 미혼 남녀도 꽤 있었지요. 그래서 저는 그들을 서로 짝지어주었습니다. 그런데 그들 중 유난히 눈에 띄는 미모의 처녀가 있었지요. 저는 그 처녀를 제 며느리로 삼고자 했습니다. 마침내 제 아들과 그 처녀가 결혼하는 날이 되었죠. 많은 사람의 기쁜 얼굴 속에서 유독 슬픈 얼굴을 하고 있는 한 젊은이가 마음에 걸리더군요. 그래서 밖으로 조용히 불러내어 그 연유를 물었습니다.

'어찌 그리도 슬픈 표정을 하고 있느냐?'

처음엔 아무 대답도 않더군요. 제가 재차 묻자 그제야 비로소 대답을 했습니다.

'오늘 어르신의 아드님과 결혼하는 처녀는 바로 제 아내가 될 여자였습니다. 저희가 잡힌 그날이 바로 우리의 결혼식 날이었죠. 결국 결혼식도 못 올리고 포로 신세로 끌려다녔는데, 오늘 그 여자가 결혼을 하게된 것입니다. 그러니 제가 슬프지 않겠습니까?'

저는 은 이백 냥을 내놓으며 그 처녀를 잊을 수 없겠냐고 물었습니다. 하지만 그 젊은이는 그렇게 할 수 없다고 하더군요. 그러면서 이렇게 덧붙였습니다.

'저는 이 세상 그 무엇보다도 그녀를 사랑합니다. 하지만 어르신은 그녀와 저의 은인이자 주인이십니다. 하여 그녀를 어르신의 며느리로 삼고 싶다면 그렇게 하십시오. 그러나 돈 따위는 필요 없습니다.'

젊은이의 얘기를 듣고 저는 그 사정을 제 아들에게 자세히 말했습니다. 아들은 그 처녀를 젊은이에게 양보하겠다고 하더군요. 그리하여 저는 그 젊은이와 처녀를 결혼시켜주었습니다."

백정은 회상하듯 이야기를 마치고는 덧붙였다.

"아마도 무언가 선행을 했다면 바로 그 일이 아닌가 싶습니다."

백정의 이야기를 조용히 듣고 있던 현자 시몬은 감탄하며 말했다.

"당신과 이웃이 되는 것을 정말 기쁘게 생각합니다."

18

검은 개의 복수

●

어느 마을에 아브라함이라는 독실한 신자가 있었다. 부자인 그는 마음 또한 너그러워 불우한 사람을 보면 항상 자선을 베풀었다.

그의 아내는 장사를 하고 있었는데, 아브라함의 집 근처에 사는 한 유대인이 특히 아브라함의 아내와 친하여 가게에 자주 놀러오곤 했다. 그런데 그 유대인이 갑자기 병이 나 쓰러지게 되었다. 놀란 주위 사람들이 온갖 약을 써봤으나 그는 몹시 괴로워하다가 결국 죽고 말았다.

세월이 흘러 몇 년 후, 무섭게 생긴 검은 개 한 마리가 어디선가 나타나서는 항상 아브라함의 집 주위를 맴돌았다. 마치 사탄의 화신처럼 생긴 모습 때문에 모든 사람이 그 개를 내심 두려워하며 싫어했다. 그 개는 마을 사람들이 몽둥이를 들고 내쫓아도 아랑곳하지 않고 곧 어디선가 다시 나타나곤 했다.

아브라함이 아침마다 집을 나설 때쯤이면 그 개는 항상 집 대문 앞에 서 있었다. 그는 개를 쫓아버리고 문단속을 단단히 해두었다.

어느 날, 아브라함이 그만 대문에 빗장을 거는 일을 잊었다. 그 틈을 놓치지 않고 개는 문을 밀고 집 안으로 뛰어 들어가 이 방 저 방 어지럽히고 다녔다. 개는 아브라함의 아내가 자고 있는 방 안으로 들어가 침대를 물어뜯고는 기어코 아브라함의 아내 몸에 몇 군데 이빨 자국을 내었다. 그러고는 침실 밖으로 달려 나가 자취도 없이 사라져버렸다. 아브라함의 아내는 공포에 질려 비명을 질렀고, 그 비명은 현자 이삭의 집에까지 들렸다. 아브라함은 부인의 몸에 난 상처를 치료한 뒤 이삭에게 가 도대체 어찌된 영문인지 물었다. 현자가 대답했다.

"자네 부인은 몇 년 전에 죽은 옆집의 남자를 금품으로 유혹하여 억지로 잠자리를 같이한 적이 있었네. 그 남자가 죽은 뒤에 그 혼이 검은 개 속에 들어가 오늘 그 복수를 한 것이라네."

아브라함이 혹시나 해서 부인에게 물었고, 부인은 모든 것이 사실임을 시인했다.

19

악의 충동

●

어느 날 현자 시몬 앞에 하느님이 나타나 꾸짖었다.

"일전에 너는 교회 책임자가 된다면 이 나라의 마녀들을 완전히 몰아내겠다고 했다. 너는 정녕 그 약속을 잊은 것이냐? 이제 교회 책임자가 되었는데도 너는 아직 아무것도 하지 않고 있으니 말이다. 팔십 명이나 되는 마녀가 아스칼론 근처 동굴에 살면서 온갖 악한 짓을 자행하고 있으니, 너는 네가 전에 한 약속을 지키도록 하라!"

독실한 시몬은 하느님께 즉시 마녀들을 벌하러 떠나겠다고 맹세했다.

비가 억수같이 쏟아지는 날, 시몬은 팔십 명의 건장한 젊은 남자들과 함께 마녀들을 타도하기 위해 길을 떠났다. 젊은이들에게는 새 옷 한 벌과 커다란 단지 하나씩을 나누어주었다. 그리고 단지 안에 새 옷을 넣고 몸이 비에 젖는 것을 막기 위해 머리에 단지를 이고 가도록 했다.

"듣거라. 내가 동굴 속으로 들어간 후 피리 소리가 들리면 새 옷을 입고 굴속으로 들어오너라. 그리고 한 사람씩 마녀를 잡아 땅에서 들어 올려라. 마녀는 발이 땅에서 떨어지면 어떠한 마술도 부릴 수 없느니라."

이렇게 팔십 명의 젊은이들에게 명한 후, 시몬은 젖지 않은 새 옷으로 갈아입은 뒤 혼자서 마녀들의 동굴로 찾아가 크게 소리쳤다.

"여인들이여, 그대들의 친구가 찾아왔도다. 문을 열어라."

마녀 하나가 문을 열어주었다. 그녀는 놀라면서 말했다.

"이렇게 폭우가 쏟아지는데도 하나도 몸이 젖지 않았네!"

시몬은 자신만만하게 대답했다.

"나는 빗방울 사이를 걸어다니기 때문이지."

"그래, 여기에는 무슨 일로 찾아왔는가?"

"배우고 싶은 것도 있고, 가르쳐주고 싶은 것도 있고 해서 왔네. 자네들은 내게 각자 할 수 있는 재주를 보여주지 않겠나? 재주들이 대단하다는 소문을 들었거든."

시몬의 칭찬에 기분이 좋아진 마녀들은 시몬 앞에서 가지고 있는 재주들을 보이기 시작했다. 한 마녀가 주문을 외우자 빵이 나왔고, 또 다른 마녀가 주문을 외우자 포도주가 나왔다. 또 어떤 마녀는 마술로 고기를 만들었다. 이윽고 마녀들이 시몬에게 말했다.

"우리 재주를 보여주었으니 이제 너의 재주를 보여달라. 우리에게 가르쳐주고 싶은 재주를 한번 부려보시지."

"내가 피리를 불어 팔십 명의 젊은 남자를 이 동굴로 불러들이겠노라. 모두 건장하고 잘생긴 남자들이니 우리 함께 즐겁게 놀아봄이 어떤가?"

시몬의 말에 마녀들이 기뻐서 날뛰었다. 시몬이 피리를 불어 소리를 내자 동굴 입구에 대기하고 있던 팔십 명의 젊은이들은 단지 속에서 옷을 꺼내 입고 줄줄이 동굴 속으로 들어왔다.

"마음에 드는 여자를 선택하라."

시몬의 말이 떨어지자 팔십 명의 젊은이들은 각자 한 명씩 마녀들을 붙잡아 번쩍 들어 올렸다. 한 젊은이가 자기 상대의 마녀에게 말했다.

"어디 빵을 만들어보아라."

그러나 땅에서 들린 마녀는 더 이상 마술을 부릴 수가 없었다. 젊은이는 마녀를 교수대로 끌고 갔다.

다음 젊은이도 자기 상대인 마녀에게 말했다.

"고기를 한번 만들어보아라."

그러나 그 마녀 역시 마술을 부리지 못했다. 그는 마술을 부리지 못하는 마녀를 교수대로 끌고 갔다. 이렇게 하여 팔십 명의 마녀는 모두 죽고 말았다. 시몬은 힘들이지 않고 하느님과의 약속을 그렇게 지켰다.

20

유산의 주인공

•

딸이 바람을 피우는 것을 눈치챈 어머니가 딸을 불러 조용히 일렀다.

"네가 바람을 피우는 것에 대해서 내가 특별히 할 말은 없구나. 하지만 단 한 가지, 바람을 피울 때는 네 남편이 알아채지 못하도록 조심해야 한다. 나도 항상 그래왔지. 내게 아들이 열이나 있지만 진짜 네 아버지의 아들은 하나밖에 없단다."

그런데 모녀가 주고받는 이 은밀한 이야기를 우연히 아버지가 듣고 말았다. 아버지는 배신감과 심한 모멸감에 울화통이 치밀었지만 내색을 하지 않고 자기 가슴속에만 담아두었다.

어느덧 세월이 흘러 어머니가 죽고, 이윽고 아버지도 병이 들어 몸이 쇠약해지자 그는 아들 중 진짜 자신의 아들 한 명에게만 재산을 물려주기로 결심했다. 그는 결국 "나의 진짜 아들에게 모든 재산을 물려주노라"라는 유언을 남기고 세상을 떠났다.

아버지가 죽자, 열 명의 아들 사이에 큰 다툼이 벌어졌다. 서로 자기가 친아들이라고 우기면서 재산을 차지하려고 들었다.

결국 열 명의 아들들은 현자 베너에게 가 심판을 내려달라고 했다.

"이 사건은 참으로 어렵구나. 이 사건은 나로선 도저히 해결할 수가 없겠다. 너희 모두 아버지 묘에 돌이라도 던져보는 것이 어떻겠느냐?"

아들들은 베너의 말을 따르기로 했다.

아들들은 묘에 가 몽둥이로 두들기거나 돌을 던졌다. 그런데 유독 한 아들만은 다른 아들과는 달리 돌을 던지거나 하는 행동을 하지 않았다. 그 아들은 아버지 묘에 불손한 행동을 하는 다른 아들들을 바라보면서 고통스러워했다.

"아버지 묘에 돌을 던지는 짓은 죽어도 못 하겠어. 차라리 유산을 포기하는 편이 낫겠어."

베너는 아들들의 행동을 유심히 지켜보고 있다가 유산은 바로 그 아들의 것이라는 판결을 내렸다.

21

희망의 끈

•

현자 아키바는 여행길에 올랐다. 그는 당나귀와 개와 작은 램프를 갖고 있었다. 어둠의 장막이 내리기 시작하자 아키바는 한 허름한 헛간을 찾아내어 그곳에서 잠을 청하기로 했다. 그러나 아직 잠을 자기에는 이른 시각이어서, 그는 램프에 불을 켜고 책을 읽기 시작했다. 그러나 곧 세찬 바람이 램프의 불을 꺼뜨렸다. 그는 할 수 없이 잠자리에 들었다.

그날 밤, 불행하게도 늑대가 개를 죽여버렸고, 사자가 당나귀를 죽여버렸다.

아침이 되자 그는 램프만을 갖고 혼자서 쓸쓸히 출발했다. 어떤 마을에 들어가니, 사람의 그림자가 하나도 없었다.

그는 지난 밤 도적이 들이닥쳐 마을을 파괴하고, 사람들을 몰살시켰다는 사실을 알게 되었다. 만약 램프가 꺼지지 않았더라면 틀림없이 도적에게 발견되었을 것이다. 개가 있었더라면 개가 짖어대어 도적에게 발견되었을지도 모른다. 당나귀 역시 틀림없이 소란을 피웠을 것이다. 모든 것을 잃어버린 덕분에 그는 도적에게 발견되지 않았다.

22

좋은 것과 나쁜 것

•

어느 현자가 하인에게 시장에서 가장 맛있는 것을 사 오라고 시켰다. 그러자 하인은 혀를 사왔다. 이틀쯤 지나서 현자는 그 하인에게 오늘은 가장 맛없는 음식을 사 오도록 명했다. 그러자 하인은 또 혀를 사왔다.

이상하게 여긴 현자가 하인에게 물었다.

"너는 내가 맛있는 것을 사 오라고 했을 때도 혀를 사 왔고, 가장 맛없는 음식을 사 오라고 했을 때도 혀를 사 왔다. 그 까닭을 말해보겠느냐?"

하인이 대답했다.

"혀는 아주 좋으면 그보다 좋은 것이 없고, 또 나쁘면 그보다 나쁜 것이 없기 때문입니다."

23

보잘것없는 항아리

•

매우 총명하지만 얼굴 생김새가 추한 현자가 로마 황제의 왕비와 만났다. 그의 추한 생김새와 지혜로움이 어울리지 않는다고 생각한 왕비는 비꼬아 말했다.

"뛰어난 총명이 이런 못생긴 그릇에 들어 있군요!"

현자는 물었다.

"왕궁 안에 술이 있습니까?"

왕비가 고개를 끄덕이자 그는 거듭 물었다.

"무슨 그릇에 들어 있습니까?"

왕비가 말했다.

"보통의 항아리라든가 술병 같은 그릇에 들어 있죠."

현자는 놀란 척하며 물었다.

"로마의 왕비님처럼 훌륭하신 분이 금그릇이나 은그릇도 많이 있을 텐데 어찌 그런 보잘것없는 항아리를 쓰시는지요?"

이를 계기로 왕비는 항아리에 들어 있던 술을 금그릇, 은그릇에 담았다. 그러자 술맛이 변해서 맛이 없게 되었다. 왕이 버럭 화를 내며 물었다.

"누가 이런 어리석은 짓을 했느냐?"

왕비가 대답했다.

"그렇게 하는 쪽이 알맞다고 생각해서 제가 했습니다."

그러고는 현자가 있는 곳으로 가 현자에게 화를 내며 물었다.

"당신은 어찌하여 내게 이런 일을 권했소?"

현자가 빙그레 웃으며 답했다.

"저는 단지 대단히 귀중한 것이라 할지라도 값이 싼 항아리에 넣어두는 쪽이 더 좋을 수도 있다는 사실을 말씀드리고 싶었을 뿐입니다."

24

진정한 이득

●

현자 몇 사람이 악인 무리와 마주쳤다. 그 악인들은 흡혈귀와도 같은 악질들이었다. 그들만큼 교활하고 잔인한 인간들은 세상에 없었다. 한 현자가 말했다.

"이러한 인간들은 모두 물에 빠져 죽어버렸으면 좋겠습니다."

그러자 그들 중 제일 위대한 현자가 말했다.

"아니오. 유대인으로서 그런 생각을 가져서는 안 되오. 아무리 이들이 죽어버리는 게 더 낫다고 생각되더라도 그걸 위해 기도해서는 안 되오. 악인들이 죽기를 바라는 것보다는, 그들이 참회하기를 바라야 하오."

25

유대의 안식

•

어느 안식일 오후, 로마 황제가 교분이 두터운 현자를 방문했다. 황제는 예고도 없이 아주 갑작스럽게 현자 집에 나타났는데, 그는 여기서 매우 즐거운 시간을 보냈다. 식사는 아주 맛있었고, 식탁 둘레에서는 사람들이 노래를 부르며 탈무드에 나오는 이야기로 시간 가는 줄 몰랐다. 황제는 대단히 만족하여 다음 수요일에 다시 방문하고 싶다 말했다.

수요일에 황제가 오자 사람들은 처음부터 준비하고 있었으므로, 가장 좋은 식기가 놓여지고, 지난번은 안식일이라 쉬었던 하인들도 줄을 서서 접대했다.

요리사도 없이 차가운 음식밖에 내놓지 않았던 지난번과는 달리 따뜻한 요리도 많이 나왔다. 그럼에도 불구하고 황제는 말했다.

"식사는 지난번이 더 맛있었었네. 그때 쓴 향료는 대체 무엇이었는가?"

"로마 황제로서는 그 향료를 손에 넣을 수 없습니다."

"그 무슨 말인가? 로마 황제는 세상의 그 어떤 향료라도 손에 넣을 수 있다네!"

그러자 현자가 말했다.

"유대인의 안식이라는 향료, 이것만은 로마 황제 폐하라 해도 손에 넣을 수 없습니다."

PART 3

Talmud wisdom of 5000 years

참된 인생

누가 가장 똑똑한 사람인가? 무엇인가를 배울 줄 아는 자가 진정 똑똑한 사람이다. 누가 가장 굳센 사람인가?
자기 자신을 누를 수 있는 자가 진정 굳센 사람이다. 누가 가장 풍족한 사람인가? 자기 자신의 몫에 온전히 만
족하는 자가 진정 풍족한 사람이다.

26
유대인의 지혜

●

요하이의 아들 시몬 시절, 유대인들에게 세 가지 엄한 포고가 내려졌다. 그것은 첫째, 유대인들은 안식일을 지키지 말 것, 둘째, 유대 남자는 유대 특유의 예식을 금할 것, 셋째, 여자들은 정숙을 지키는 것을 금할 것이었다.

그 무렵, 로마에 살고 있는 유대인 중 루벤이라 불리는 노인이 있었는데, 그 사람은 왕 곁에 자유로이 출입할 수 있었다.

그는 왕이 내린 유대인에 대한 포고가 부당하다는 것을 알고 왕 앞에 나아가 왕에게 물었다.

"만약 폐하께 적이 있다면, 그 적이 강하길 원하시겠습니까, 아니면 약하길 원하시겠습니까?"

"그야 되도록 적이 약하기를 원하지."

루벤은 계속 말을 이었다.

"유대인은 약한 민족입니다. 그들은 사내아이가 태어나면 팔 일 후에 그 아이의 몸에 상처를 내어 힘을 잃게 합니다. 그들이 그들 나름대로 예식을 행하는 동안 그들은 무기력해집니다. 하지만 폐하께서 그 예식을 중지시키면, 그들은 로마 사람들 못지않게 강해질 것입니다. 설령 폐하께서 군대를 파견하신다 하더라도 쉽게 밀리지는 않을 것입니다. 어쩌면 폐하께 칼을 들이댈지도 모릅니다."

그 말을 듣고 왕이 말하였다.

"내가 미처 그것을 몰랐구려. 이 법은 취소해야겠군."

루벤은 계속 말을 이어갔다.

"만일 폐하께 적이 있다면, 그 적이 돈이 있길 바라시겠습니까, 돈이 없길 바라시겠습니까?"

"당연히 돈이 없기를 바라지."

"옳으신 말씀입니다. 폐하께서는 유대인들이 궁핍한 이유가 안식일을 지키기 때문이라는 사실을 모르시는 것 같습니다. 유대인들은 일주일 내내 힘들게 번 돈을 안식일에 모두 써버립니다. 주일에 필요한 만큼을 벌지 못한 자는 남에게 빌려서라도 안식일에 헌금을 합니다. 만일 폐하께서 안식일을 지키는 것을 금하신다면 그들은 얼마 안 가 부자가 될 것입니다."

"내가 그걸 몰랐군. 그렇다면 이 법도 취소해야겠네."

루벤은 또 말을 이었다.

"적을 가지고 있는 사람이 있다고 하면, 그 사람은 적의 수효가 많은 것을 바라겠습니까, 적은 것을 바라겠습니까?"

"수효가 많으면 싸우기가 힘들지."

"옳으신 말씀입니다. 유대인의 수효가 그리 불어나지 않는 건 유대인의 여인들이 정숙하기 때문입니다. 유대의 율법에는 한 달에 14일을, 아이가 태어난 후는 48일 동안을 부부가 동침하지 못하도록 되어 있습니다. 만일 폐하께서 정숙하라는 율법을 지키지 말라고 명하시면 그들은 동침을 자유롭게 하여, 그 결과 태어나는 아기의 숫자가 늘어날 것입니다. 그건 결국 폐하의 군대에 대적하는 적의 숫자가 많아진다는 의미입니다."

"그대 말이 참으로 옳구나. 내가 하마터면 큰일을 저지를 뻔했군."

"그렇다면 방금 폐하께서 하신 말씀을 문서로 작성하여 이스라엘로 보내주십시오."

루벤의 재촉에 왕은 서둘러 문서를 작성했다. 루벤이 물러가자 로마의 대신들이 왕을 배알하러 왔다가, 왕으로부터 유대인들에게 내렸던 금지 조항을 폐지하였다는 말을 들었다.

"루벤이 한 말들은 모두 틀린 말이옵니다. 폐하께서는 그의 말장난에 속으신 것입니다. 조금 전의 그 말씀을 취소해주옵소서."

"왕이 어떻게 한 번 입 밖에 낸 말을 번복하겠느냐? 그럴 수는 없도다."

그러자 로마의 대신들이 말했다.

"그러나 그 문서를 이 나라 밖으로 가지고 가지 못하게 할 수는 있사옵니다. 지금 곧 명을 내리시어 그 문서를 이스라엘로 가져가는 자에게는 죽음을 내리겠다고 하옵소서."

대신들의 요구가 워낙 강력한지라 왕은 또 한 번 심사숙고하지 않을 수 없었다. 이런 사실을 안 루벤은 유대인들에게 이런 실정을 서둘러 알렸다.

"어렵게 받은 문서를 이스라엘로 가져갈 수 없다니 이 얼마나 안타까운 일인가. 백성들 중에 용기 있는 누군가가 나와서 이 문서를 무사히 이스라엘로 가져가길 바라네."

유대의 현자들은 요하이의 아들 시몬에게 가 모든 이야기를 했다. 그러자 시몬은 자신이 그 막중한 임무를 수행하겠다고 했다.

시몬은 며칠 후, 하인들을 데리고 서둘러 대왕이 사는 나라로 길을 떠났다. 바다에 이르러 시몬이 뱃전을 올려다보니 그 위에 마녀 하나가 걸터앉아 있는 것이 보였다. 그는 그 마녀에게 소리를 질렀다.

"나를 보러 여기 온 것이냐?"

"네가 중요한 일을 하러 간다기에 도와주러 왔지."

그 말을 듣고 시몬은 하늘을 향해 외쳤다.

"하느님, 당신은 이집트의 여인 하갈에게는 다섯 명의 천사를 보내주셨는데 저에게는 어찌하여 마녀 한 사람만을 보내주셨습니까?"

그 말을 들은 마녀가 화를 냈다.

"무슨 소리를 그렇게 하는가? 어쨌든 기적이 일어나도록 해주기만 하면 될 게 아니야!"

"그럼 너는 무슨 기적을 행할 수 있지?"

"시몬, 네가 왕으로부터 문서를 받아 이스라엘로 가져올 수 있도록 내가 도와주지. 나는 먼저 가서 공주의 몸속에 들어가 있겠다. 공주는 병이 나 앓으면서 요하이의 아들 시몬을 부르라고 소리칠 것이다. 그러면 네가 와서 공주의 귀에 대고 속삭여라. 그럼 나는 너의 속삭이는 소리를 듣고 공주의 몸에서 나오겠다. 그러면 공주의 병은 깨끗이 나을 것이다."

"네가 정말 그렇게만 해준다면 고맙겠구나. 자, 그럼 가자. 방금 한 말대로 꼭 실천해다오."

마녀는 뱃전에서 몸을 날려 어디론가 사라졌고, 시몬의 배는 계속 로마로 향해 나아갔다.

한편, 로마에서는 귀여운 공주가 갑자기 앓아눕게 되어 성안의 사람 모두가 슬픔에 잠겼다. 공주는 신음하면서 요하이의 아들 시몬을 불러달라고 외쳤다. 왕은 사람을 시켜 이스라엘의 시몬을 데려오라고 일렀다. 그러자 시몬은 배를 타고 이미 로마로 향했다는 전갈이 왔다.

시몬은 도착하자마자 왕을 만났다.

"그대가 요하이의 아들 시몬인가?"

"그러하옵니다."

"공주가 그대를 찾고 있네. 그대가 공주의 병을 살펴봐주게나."

"분부대로 하겠습니다."

시몬은 공주가 누워 있는 방으로 갔다.

"어떻게 하면 병을 고칠 수 있겠는가?"

시몬은 공주에게 다가가 귀에 대고 두세 마디 속삭였다. 그러자 마녀는 공주의 몸에서 빠져나왔고, 공주는 거짓말처럼 원기를 회복했다. 왕은 매우 기뻐하면서 시몬을 가까이 오게 했다.

"내 그대의 소원을 모두 들어줄 것이다. 그대가 원하는 것은 무엇인가?"

"딱 한 가지 소원이 있습니다. 그것은 유대인의 금지 조항을 폐지하신 문서를 이스라엘로 가져갈 수 있도록 허락해주시는 것입니다."

왕은 나라 밖으로의 문서 유출을 금했던 포고를 해제했다. 그리하여 시몬은 유대인에게 자유를 약속한 문서를 무사히 이스라엘로 가져갈 수 있었다.

27

유대인의 축일

●

셀주크 왕이 예루살렘의 포위망을 점점 좁혀오자 유대인들은 굵은 베옷을 입고 금식 기도를 시작했다. 어느 마을에 아피터라는 사람이 있었는데, 그의 딸 유디트는 아름답기로 명성이 자자했다. 유디트는 신앙심 또한 깊어서 날마다 베옷을 입고 제단에 무릎 꿇어 예루살렘을 보호해달라 하느님께 기도했다. 그녀의 간절한 기도는 하느님의 마음을 움직였다. 하느님은 어느 날 그녀의 앞에 나타나 어떤 계시를 했다.

그런 일이 있은 후, 유디트는 시녀 한 사람을 데리고 아무도 몰래 셀주크 진영으로 찾아갔다. 그리고 왕의 시종을 찾아가 폐하께 드릴 말씀이 있노라고 했다.

"예루살렘의 한 처녀가 대왕님을 뵙고 드릴 말씀이 있다 하옵니다."

왕의 허락이 떨어지자 유디트는 시종의 안내를 받아 왕 앞에 나아갔다.

"폐하, 저는 예루살렘 귀족의 여식이옵니다. 이 성이 조만간 폐하의 손에 떨어져 최후의 순간이 온다는 말을 들었습니다. 제가 예루살렘의 내부 사정을 소상히 알려드릴 테니 예루살렘에 입성하신다면, 저희 가족에게 자비를 베풀어주십시오."

유디트가 가져온 정보도 정보였지만, 그녀의 매력적인 모습에 반해버린 셀주크 왕은 그녀가 너무나 탐이 났다.

그리하여 성대한 연회를 열라고 신하들에게 명했다. 그러고는 연회가 준비될 동안 측근들을 물리치고 유디트에게 몸을 요구했다.

"폐하, 저의 마음은 언제든지 폐하를 따를 준비가 되어 있습니다. 하지만 지금은 제 몸이 불결하오니 오늘밤 제가 몸을 깨끗이 단장한 다음에 저를 불러주십시오. 연회가 끝난 후 소녀와 저희 시녀를 보아도 그냥 통과시키라고 명령해주시기 바랍니다. 그 후에는 소녀는 폐하의 것이옵니다."

미소를 띠며 감미롭게 속삭이는 유디트의 부탁에 왕은 쾌히 승낙을 했다.

이윽고 연회가 시작되었다. 왕은 모든 왕족과 부하를 불러 마치 예루살렘의 정복은 다 한 양 먹고 마시고 떠들었다. 실컷 마신 포도주 덕분에 흠뻑 취한 왕과 신하들은 꾸벅꾸벅 졸기 시작했다. 왕과 유디트의 관계를 눈치챈 신하들이 먼저 자리에서 일어났다.

"폐하, 저희는 이만 물러가겠사옵니다."

왕과 유디트를 남기고 신하들이 모두 자리를 뜨자, 유디트는 시녀와 함께 칼을 꺼내 셀주크 왕의 머리를 베었다. 그리고 그 머리를 보자기에 싼 다음 방에서 나왔다.

셀주크 진영을 빠져나오는 동안 여러 명의 보초병과 마주쳤지만, 그들에게 손을 대서는 안 된다는 왕명이 있었기에 그냥 쳐다보기만 할 뿐 통과시켰다.

셀주크 왕의 진영에서 멀어지자, 두 여인은 더욱 서둘러 발걸음을 옮겼다. 그날 밤, 예루살렘에 도착했고 성문 앞에 이르러 유디트는 소리쳐 문지기를 불렀다.

"성안으로 들어가야겠으니 문을 여시오."

문지기는 순순히 문을 열지 않았다.

"너희에 대한 소문은 다 들었다. 예루살렘 귀족의 딸 유디트가 셀주크 왕의 첩이 되어 일신의 영예를 구하려 했다는 것 말이다. 너희는 무슨 염치로 이곳에 왔느냐? 이제까지 지은 죄만으로는 아직도 부족하다는 것이냐?"

유디트와 시녀는 문지기의 이야기를 듣고 깜짝 놀랐다.

"사실은 그런 것이 아니오. 우리가 셀주크 왕의 진지로 간 것은 다 계략이 있어서 그랬던 것이오."

아무리 두 여인이 항변을 해도 문지기는 들은 척하지 않았다.

유디트는 하는 수 없이 보자기를 펼쳐서 셀주크 왕의 머리를 보여주었다. 그녀가 반역자가 아니라는 확실한 증거에 마침내 그녀들의 이야기를 믿게 된 문지기는 문을 활짝 열어 그녀들을 맞이하였다.

다음 날, 이스라엘 군대는 셀주크 군대를 기습하여 수많은 적을 베어 쓰러뜨렸다. 왕이 없는 셀주크 군대는 일순간 오합지졸이 되어 모두 도망치고 말았다.

그때부터 유디트가 셀주크 왕을 살해한 날은 유대인의 축일이 되었다.

28

왕의 착각

•

두 나라의 각 왕이 한 뼘 정도 되는 땅을 놓고 오랫동안 서로 싸우고 있었다. 한쪽이 그 땅을 차지하는가 싶으면 이내 다른 쪽이 공격하여 점령해버리곤 했다. 아주 작은 땅을 사이에 두고 그동안 쌍방은 무수한 인명과 재산 피해를 보았다.

결국 더 이상은 안 되겠다고 생각한 두 왕은 날을 정해 만났다. 그리고 서로 혈통을 조사해보아서 더 고귀한 혈통을 이어받은 쪽이 분쟁이 심한 그 땅을 차지하기로 합의를 보았다.

혈통을 따져보니, 한쪽 왕은 과거에 유대인을 모두 죽여 없애려 했던 페르시아의 총리대신 하만의 자손임이 밝혀졌다.

몰랐던 자신의 혈통이 밝혀지자 그 왕은 선조 하만처럼 유대인을 탄압하려고 했다. 그는 유대인들을 괴롭히기 위해 새로운 법률을 만들었다.

'이 나라 안의 유대인들은 가까운 시간 내에 금 십만 냥을 왕에게 바쳐야 한다. 그렇게 하지 않으면 모르데파이라는 사내를 교수형에 처하겠다.'

이 법률이 선포되자 유대인들은 모두 금식에 들어갔고, 이곳저곳의 현자들에게 사자를 보내어 그들을 위해 기도해줄 것을 부탁했다. 그중 한 현자가 조언을 해주었다.

"이러이러한 곳으로 가서, 쓰러져가는 오막살이에서 옷을 깁고 있는 사내를 찾게. 그 남자에게 내 이름을 말하고 도움을 부탁해보게."

유대인들은 현자가 가르쳐준 곳으로 갔다. 그들은 성문 밖 가난에 찌든 허름한 집을 발견했다. 그들은 그 집 주인을 만나 유대인들이 탄압받는 상황을 이야기했다. 그 가난한 집의 주인은 묵묵히 듣고 있다가 조용히 입을 열었다.

"나는 당신들을 도와줄 아무런 능력이 없는 사람이오. 당신들이 보듯이 나는 옷이나 꿰매주는 가난한 수선쟁이에 불과합니다."

그들은 현자의 이름을 말하고 다시 도움을 청했다. 그러자 집주인의 태도에 변화가 약간 있었다.

"알았소. 아무 걱정 말고 고향으로 돌아가시오."

얼마 후, 유대인을 핍박하던 그 왕에게 괴이한 일이 벌어졌다. 왕은 아침에는 누구라도 자신의 방 가까이 오지 못하게 하는 이상한 버릇이 있었다. 그날 아침 일찍 일어나 눈을 떠보니 방 안에 유대인인 듯한 사내가 누더기를 입고 서 있는 것이 눈에 띄었다.

"너는 누구냐? 감히 내 명을 어기고 내 방으로 들어와 있다니!"

왕은 매우 화를 내며 그를 죽이려고 칼을 빼들었다.

그 순간, 왕은 보이지 않는 손에 붙잡혀 하늘 높이 끌어 올려졌다. 그러고는 허공을 날아서 성에서 백 마일 정도 떨어져 있는 어떤 무덤 속에 갇혀버렸다.

사방이 높은 벽으로 둘러쳐져 있는 무덤 속에서 왕은 하루 종일 소리쳤다. 하지만 아무도 와주는 사람은 없었다. 저녁 무렵, 벽 쪽에서 발소리가 들리더니 자루를 둘러맨 거지가 나타났다. 그는 자루 하나에서 빵을 꺼내어 왕에게 주었다. 다음 날도 똑같은 시간에 거지가 와서 빵을 주고 갔다. 그렇게 일주일이 흘렀다.

8일째 되는 날, 왕은 빵을 주러 온 거지에게 말했다.

"무덤 속에 가만히 앉아 있기보다는 아무리 고생스럽더라도 일을 하는 편이 낫겠소. 그러니 나를 제발 사람이 있는 곳으로 데려가 주시오."

그러자 거지는 왕을 어느 숲 속으로 데려갔다. 그곳에서 왕은 바라던 대로 일을 하게 되었다. 집을 짓는 데 필요한 판자를 만드는 것이 왕이 맡은 일이었다. 그 일이 모두 끝나자 다음엔 더욱 힘든 일을 했다.

왕이 여러 일을 바꿔가며 열심히 하는 사이에 세월은 흐르고 또 흘렀다. 어느 날, 거지가 찾아와 왕에게 일렀다.

"이러이러한 나라로 가거라. 그곳에는 왕이 죽고 없으니 네가 가서 왕이 되겠다고 말하여라. 그러면 모든 백성이 너를 왕으로 만들 것이다. 단, 한 가지 꼭 지켜야 할 것이 있다. '유대인에 대한 어떠한 차별 규정도 폐지한다'라고 선언해야 한다."

왕은 거지의 제안을 흔쾌히 승낙하고 그것을 약속하는 문서까지 만들었다. 그리고 그 문서를 거지에게 주고는 거지가 일러준 나라로 갔다. 그곳에 이르자, 그는 큰 환영을 받았고 왕으로 받들어졌다. 왕으로 취임한 그는 숲 속에서 고생했던 일을 거울 삼아, 백성들을 편안하게 다스리려 애썼다.

그러던 어느 날, 왕은 성 밖으로 나왔다가 과거에 자신이 다스렸던 나라와 비슷한 곳에 오게 되었다. 샅샅이 살펴보니 자신이 왕으로 있던 그 나라가 틀림없었다. 멀리 자기가 살던 성도 보였다.

그는 급히 말을 몰아 안으로 들어갔다. 자기가 쓰던 방에도 들어가 보았다. 신기하게도 그 방은 자신이 떠나기 전과 똑같았다.

자신이 떠나던 날 아침에 자기 방에 들어와 있던 낡은 옷차림의 유대인까지도 똑같은 자리에 서 있었다.

그러나 단 하나, 그전의 유대인은 빈손이었는데 지금 보이는 유대인의 손에는 유대인에 대해서는 어떠한 차별 규정도 폐지하겠다고 맹세한 왕의 문서가 쥐어져 있었다.

왕의 직인이 찍힌 문서가 있는 이상 부인할 수 없게 된 왕은 유대인에게 내렸던 탄압법을 철폐시키라 명했다.

왕이 수년간이라고 생각했던 그동안의 일들이 사실은 눈 깜짝할 사이의 일들이었다. 이 기묘한 사내는 왕을 그동안 시간이 없는 세계로 데려갔기 때문에 왕이 착각을 한 것이다.

29

이교도의 재산

•

어느 마을에 '안식일의 요셉'이라고 불리는 유대인이 살고 있었다. 그 유대인의 이름은 본래 요셉이었는데 안식일을 너무나 잘 지켜 그런 별명이 붙었던 것이다. 요셉은 본래 가난한 집에서 태어나 지극히 검소한 생활을 했다. 하지만 안식일만은 최선을 다해 음식을 장만하고 거룩하게 지냈다.

요셉의 집 바로 옆에는 이교도 부자가 살고 있었다. 그 이교도는 어느 날 점쟁이에게 이런 소리를 들었다.

"당신의 많은 재산은 언젠가 몽땅 요셉의 것이 될 것이며, 그가 이 동네에서 제일가는 부자가 될 것이오."

점쟁이의 말을 들은 이교도는 깜짝 놀랐다. 자신이 그동안 애써 모은 재산이 모두 요셉의 것이 된다니, 말도 안 되는 일이었다. 그는 서둘러 돈과 보석 등 모든 재산을 털어서 커다란 진주 하나를 샀다. 그리고 그 진주를 항상 쓰고 다니는 모자 속에 넣고 꿰매었다.

'내 재산을 이렇게 항상 지니고 있으면 그 유대인 놈에게 절대 넘어갈 리 없겠지.'

그렇게 이교도는 마음을 푹 놓았다.

어느 날, 이교도가 유프라테스 강변을 거닐고 있을 때 갑자기 강풍이 몰아쳐서 그의 모자가 강물로 날아가 버렸다. 그때 마침 큰 물고기가 나타나 진주가 든 모자를 냉큼 삼키고는 강 속으로 사라졌다.

며칠 후, 그 물고기는 어부에게 잡혔다. 무척 큰 물고기를 잡은 어부는 '이렇게 큰 물고기를 과연 누가 살까?' 하며 걱정했다. 그러다가 '안식일의 요셉'이라면 안식일 때 쓰려고 이것을 살지도 모르겠다는 생각이 들었다. 어부는 물고기를 요셉의 집으로 가지고 갔다.

"큰 물고기가 있는데 필요하면 사시죠?"

"정말 크군. 안식일에 쓰면 딱 좋겠어."

요셉은 주머니에 있는 돈을 모두 털어 그 물고기를 샀다.

이윽고 안식일이 돌아왔다. 요셉은 물고기를 요리하려고 배를 갈랐다. 그런데 뜻밖에도 물고기 배 안에는 커다란 진주가 들어 있었다.

뜻밖의 횡재를 한 요셉은 하느님께 감사를 드리고 그 진주를 팔아 궁핍한 생활에서 벗어나게 되었다. 물론 한 번 불어난 재산은 더욱더 풍성하게 되어 요셉은 평생을 부유하게 지냈다.

30

자신만의 신앙

●

　스페인 왕의 고문이었던 니콜라우스는 왕을 충동질하여 유대인을 탄압하려고 했다. 왕은 에브라임 산초라는 유대인 현자를 불렀다.

　"우리의 신앙과 그대의 신앙 중 어느 쪽이 더 좋은지 자네 의견을 말해보게."

　"저희 유대인들에게는 저희의 신앙이 좋습니다. 저희가 이집트에서 노예로 있었을 때, 하느님은 저희를 그 굴레에서 벗어나게 해주셨기 때문입니다. 그러나 폐하에게는 폐하의 신앙이 더 좋을 것입니다. 폐하의 신앙은 폐하께 지상의 권력을 약속해주셨으니까 말입니다."

　"나는 신앙 그 자체의 옳음을 물은 것이지, 신앙이 그 신자에게 무엇을 주었는가를 묻는 것이 아니네."

"저에게 사흘의 여유를 주십시오. 그동안 생각을 정리한 후 다시 의견을 말씀드리겠습니다."

"원한다면 그렇게 하라."

사흘 후, 현자는 다시 왕 앞에 나타났다. 그의 얼굴엔 어두운 그림자가 드리워져 있었다.

"왜 그렇게 근심 어린 얼굴을 하고 있는가?"

왕과 신하들이 모두 모인 자리에서 유대인 현자가 입을 열었다.

"저는 오늘 참을 수 없는 모욕을 당했습니다. 제가 말씀을 드릴 터이니 폐하께서 심판해주십시오. 꼭 한 달 전에 저의 이웃 사람이 멀리 여행을 떠났습니다. 그에게는 아들이 둘 있었는데, 그들에게 보석을 하나씩 나누어주었다고 합니다. 그런데 그 형제가 제게 찾아와 '이 보석은 어떤 것이냐, 두 보석 중 어느 것이 더 좋으냐?' 하면서 제게 묻더군요. 그래서 저는 대답했죠. '그 대답은 아버지에게 직접 들어라. 너희 아버지는 보석 전문가이니 너희의 물음에 정확하게 답해주실 거다'라고 말입니다. 그러나 이런 조언에도 불구하고 두 사람은 '무슨 그런 무성의한 대답을 하느냐?'면서 저에게 욕을 퍼붓고 때리기까지 했습니다."

현자의 이야기를 다 듣고 난 후 왕이 말했다.

"그 자식이라는 사람들이 그대에게 무례하게 행동했구먼. 그대는 잘못한 것이 없네. 그들을 불러다 벌을 내려야겠네."

어두웠던 현자의 얼굴색이 이내 밝아졌다.

"폐하께서 하신 말씀 잘 들었습니다. 그리고 여러 신하께서도 똑똑히 잘 들으셨으리라 봅니다. 스페인 사람들도, 유대 사람들도 양쪽 모두 보석을 가지고 있는데, 폐하께서는 어느 쪽 보석이 더 좋으냐고 물으셨습니다. 제가 어떤 대답을 할 수 있겠습니까? 하늘에 계신 하느님께 사자를 보내시면 그 보석들이 어떻게 다른가를 대답해주실 것입니다."

왕은 자신의 고문 니콜라우스를 보면서 말했다.

"알겠는가, 유대인의 현명함을? 이 사람은 존경을 받을 만한 자이다. 하지만 자네 니콜라우스는 벌을 받아야 할 것이네. 유대교 신자들을 중상모략했다는 것이 바로 그 죄목이네."

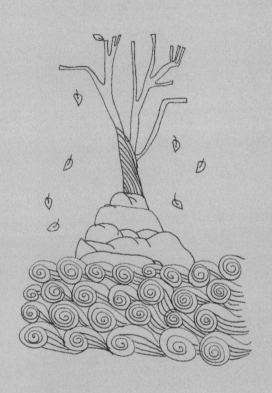

31

유대인의 비술

●

나하마니데스라는 뛰어난 의사이자 철학자가 있었다. 어느 날, 유대
인의 비술인 '카바라'를 그에게 가르치기 위해 이것에 정통한 노인이 그
를 찾아왔다.

노인은 그가 머리가 좋고 지식욕도 왕성한 것을 보고는 카바라로 인
도하기 위해 적극 애썼다. 하지만 나하마니데스는 노인의 말에 들은 척
도 하지 않았다.

안타까운 생각에 노인은 한 가지 꾀를 생각해냈다. 그는 유대인에게
금지되어 있는 매음굴을 찾아갔다. 그러고는 계획대로 붙잡혀 다음 날
안식일에 화형을 당하게 되었다.

그 노인이 처형될 것이라는 소문을 나하마니데스도 듣게 되었다. 하

지만 그 노인을 위해 변호해주고 싶은 생각은 들지 않았다.

드디어 안식일, 노인은 끌려가 화형에 처해졌다. 하지만 비법을 썼기 때문에 정작 화형을 당한 것은 노인이 아니라 노인의 모습을 한 당나귀였다.

노인은 오후 기도를 끝내고 다시 나하마니데스의 집을 찾아갔다. 마침 나하마니데스는 감사의 기도를 올리며 포도주를 마시고 있는 중이었다. 그때 죽었으리라 생각했던 노인이 그의 앞에 나타났다.

"어떤가? 이것으로써 그대는 카바라의 위력을 똑똑히 보았을 터!"

노인의 재등장으로 카바라의 힘을 알게 된 나하마니데스는 이 새로운 가르침에 인도되어, 밤낮을 가리지 않고 열심히 배우고 익혔다.

몇 년 후, 그는 이스라엘의 위대한 식자 중 한 사람이 되었다.

32

유대인의 선행

●

어느 마을에 한없이 착하고 성실한 유대인이 살고 있었다. 그는 부자이면서 또한 인자하기로 유명한 토비아라는 사람이었다. 그는 가난한 사람들에게 많은 자비를 베풀었고, 죽은 자를 보면 관례에 따라 정성껏 장례를 치러주곤 했다.

이 마을에는 착한 유대인을 시기하는 사람들 또한 많이 살고 있었다. 이들은 유대인들이 신의 축복 아래 선을 베풀며 행복하게 잘살고 있는 것에 샘을 냈다. 결국 이들은 왕을 상대로 유대인들을 모함했다.

"왕이시여, 유대인들을 벌하시옵소서. 그들은 우리 조상들의 묘를 파헤쳐 죽은 자의 뼈를 파내고 있습니다. 이런 짓을 하는 이유는 시체를 불태워 마법 약을 만들어내기 위해서입니다."

그 말이 모함인지 알지 못하는 왕은 무척 노여워하며 유대인을 벌하라는 명을 내렸다.

"유대인이 죽으면 장례를 치르지 말고, 성 밖 구덩이에 갖다 버리도록 하라. 만일 장례를 치른다면 교수형에 처할 것이다."

어느 날, 외지의 유대인이 이 나라에 왔다가 갑작스런 병에 걸려 죽었다. 그때 믿음이 깊은 토비아가 나서서 시신을 염하고, 옷을 입혀 장사를 지내주었다. 이를 본 주민들은 토비아를 재판관 앞에 끌고 갔다.

"이 자는 왕의 지시를 어기고 유대인을 묘지에 묻었습니다. 그러니 이 자를 교수형에 처하십시오."

그리하여 토비아는 교수형을 선고받았다.

사형을 당하게 된 날, 토비아는 교수대 앞에 섰다. 그런데 이상한 일이 일어났다. 교수대에 올라서는 사형집행인마다 모두 장님이 되어 토비아를 처형할 수 없게 된 것이다.

결국 토비아는 무사히 집으로 돌아오게 되었다. 그는 친척과 지인을 모두 불러 모아놓고 자신에게 일어난 신의 은총 이야기를 했다. 토비아의 얘기를 듣고 난 유대인들은 그 신비로움에 감탄했고, 앞으로도 신이 축복을 계속 내리시기를 기원했다.

한편 그 나라의 왕은 유대인 토비아의 사형 집행 과정에서 일어난 기적을 보고받았다. 왕은 유대인들에 대한 두려운 마음마저 들었다. 곧 왕은 온 나라에 다시 포고를 내렸다.

"죽은 자를 정중히 장사 지내는 유대인의 관례를 허락한다. 유대인을 모함하거나 해를 입히는 자는 귀천에 관계없이 교수형에 처하겠다."

그 후부터 왕은 유대인을 귀히 여겼다. 눈이 멀었던 사형집행인들도 다시 시력을 회복하게 되었다.

어느 날 아침, 토비아는 침대에서 일어나 창가로 다가갔다. 창밖 위에서는 제비가 집을 짓고 있었다. 그는 그 모양이 신기해서 제비집 가까이 얼굴을 갖다 대었다. 바로 그 순간 제비의 똥이 그만 눈에 떨어졌다. 그때부터 눈앞이 갑자기 캄캄해지더니 토비아는 아무것도 보이지 않게 되었다. 눈동자에 하얀 막이 덮어버린 것이다.

줄지에 장님이 되어버린 토비아는 어느 날, 하나밖에 없는 아들을 불러 말했다.

"내가 장사를 하고 다닐 적에 인도에 간 적이 있었다. 그곳에서 장사로 많은 돈을 벌었는데, 돌아오는 길이 안전하지 못해서 그곳에 있는 친구 페루 하스먼에게 번 돈을 맡겨놓았다. 이제 나는 벌을 받아 앞을 볼 수 없게 되었구나. 그러니 네가 대신 인도로 가 그 친구를 만나라. 내 서명이 든 편지를 보이면 그 친구는 나의 돈과 보물을 돌려줄 것이다."

아버지의 말을 듣고 아들은 인도까지 길 안내를 해줄 사람을 구하기 시작했다. 그리고 며칠 후, 인도의 지리와 사정을 훤히 알고 있는 남자를 찾아 아버지에게 데리고 왔다.

"아버지, 이 사람은 인도 거리를 손바닥 들여다보듯 잘 알고 있다고 합니다."

토비아는 그 사람의 인사를 받고 나서 물었다.

"인도의 투바르라는 거리를 아시오?"

"네, 압니다. 그 거리는 대단히 크고 번화하지요. 또 현자들이 많이 살고 있기도 하구요."

"내 아들을 그곳까지 데려다주시오. 비용은 얼마든지 낼 테니까."

토비아는 아들을 시켜 인도의 친구에게 보내는 편지를 대신 쓰게 하고 끝에 서명을 했다. 그러고는 아들을 껴안으며 말했다.

"잘 다녀오너라. 조상들이 너를 지켜주실 것이다."

아들은 안내자와 함께 투바르로 떠났다. 안내자는 조금의 실수도 없이 그를 목적지까지 데려다주었다. 아들은 아버지가 말했던 페루 하스먼의 집을 물어물어 찾아갔다.

"어른께서 페루 하스먼이라는 분이신가요?"

"그렇네. 젊은이가 어떻게 내 이름을 아는가?"

"제 부친의 존함은 토비아입니다. 부친께서 저에게 어른을 찾아뵈라 말씀하셨습니다."

페루 하스먼은 그 편지와 서명을 보고, 젊은이의 얼굴을 유심히 살펴보더니 친구의 아들임을 믿게 되었다. 그는 젊은이를 껴안으며 반가워했다. 그러고는 맛난 음식을 푸짐히 차려 대접해주었다.

"그래, 자네 부친께선 평안하신가? 자네를 보니 정말 반갑기 그지없고만."

"부친께선 편안히 잘 계십니다."

"정말 다행이구나. 먼 길을 오느라 피곤할 테니 좀 쉬게. 십여 일 내 곁에 머물면서 그동안 자네 부친의 얘기를 좀 들려주게나."

그러나 아들은 정중히 거절했다.

"대단히 고마우신 말씀이십니다만, 전 고향으로 빨리 돌아가야 합니다. 연로하신 부친을 남겨두고 떠난지라 걱정이 됩니다. 아시다시피 부친께선 저밖에 자손이 없기 때문에 제가 곁에 없으면 많이 허전해하십니다."

아들의 말을 듣고 있던 페루 하스먼은 그 효성스러운 마음에 감동했다. 그는 토비아가 맡겨두었던 보물을 그의 아들에게 넘겨주고, 그 외에도 옷과 값진 선물을 따로 마련해서 그 또한 가져가도록 했다. 그리고 두 사람의 장정을 보내어 길을 안내하도록 하였고 음악회를 열어 전송했다.

토비아의 아들과 안내자가 이윽고 길을 떠났다. 걷고 걸어 해변의 모랫길을 지나고 있는데 물고기 한 마리가 파도에 휩쓸려 나와 숨을 헐떡이고 있었다. 안내자는 물고기를 잡아 배를 가르고 창자와 담낭을 끄집어냈다. 그러고는 정작 고기는 버렸다.

"왜 고기를 가져가지 않으십니까?"

토비아의 아들이 물었다.

"이 창자와 담낭에는 특별한 효능이 있어서 좋은 약이 됩니다. 앞이 안 보이는 사람에게 이 담즙을 짜 눈에 바르면 다시 앞을 볼 수 있습니다. 그리고 이 창자를 태워 연기를 내면 악마가 접근할 수 없기에 집안사람에게 해를 끼치지 못합니다."

토비아의 아들은 안내자에게 그 창자와 담낭을 줄 수 없겠느냐고 물었다. 안내자는 흔쾌히 건네주었고, 토비아의 아들은 그것을 소중히 간직했다.

몇 달 후, 아들은 무사히 집으로 돌아왔다. 아들이 돌아오기를 학수고대하던 토비아는 무척 반가워했다. 그는 안내인에게 고맙다고 인사했다.

"너를 안내해준 사람에게 그가 원하는 대로 사례를 해드려라."

아들은 안내자와 집을 나섰다. 그런데 밖에 나오자마자 안내자는 어디론가 자취를 감췄다. 여기저기 둘러보다가 아들은 다시 집으로 들어와 아버지에게 그 사실을 말했다.

"아들아, 아마 신께서 우리를 도와주시려고 그 사람을 보내셨던가 보다. 그 사람은 예언자 엘리야였던 것이 틀림없다."

아들은 해변 모래사장에서 얻은 담즙과 창자 이야기를 아버지에게 했다.

"엘리야께서 그렇게 말씀하셨다면 그 두 가지 물건은 참으로 소중한 것이다."

토비아는 아들이 준 담낭을 눈에 발랐다. 그러자 막혔던 시야가 트이면서 밝은 세상이 눈에 들어왔다.

"아들아, 신께서 우리를 돌보시는가 보다. 너를 무사히 인도까지 다녀오게 하시고, 이렇게 내 눈까지 낫게 해주시니……."

토비아와 아들은 다시 밝은 세상에서 행복한 날들을 보내게 되었다.

그러던 어느 날, 토비아가 아들에게 말했다.

"아들아, 내가 하는 말을 귀담아듣기 바란다. 네 고모에게 딸이 하나 있지 않느냐? 그 딸아이와 네가 결혼했으면 싶다. 그 아이는 무슨 운명을 타고났는지 세 번이나 결혼했지만 결혼생활이 다 무산되었다. 첫날밤을 지내기도 전에 신랑들이 하나같이 죽어 나갔으니까."

"하지만 아버님, 만일 제가 사촌과 결혼했다가 그들처럼 죽으면 어떻게 합니까?"

"그들이 목숨을 잃은 것은 분명 악마가 그들의 혼을 빼앗아 갔기 때문일 것이다. 너를 안내했던 분의 말씀대로 물고기 창자를 태워 집 안에 연기가 가득 차게 해라. 신을 믿고 있으면 그분은 우리를 악마로부터 지켜주실 것이다."

아들은 마음을 굳게 먹고 아버지가 시키는 대로 했다. 이윽고 결혼식이 끝나고 밤이 되었다. 아들은 창자를 태워 집 안에 연기를 피웠다. 그리고 신혼 방에 들어가 첫날밤을 맞이했다. 늙은 아버지는 밤새도록 눈물을 흘리며 신에게 아들 내외를 지켜달라고 빌고 또 빌었다.

드디어 날이 밝았다. 사람들은 과연 토비아의 아들이 살아서 방을 나올 것인지, 역시나 죽어서 나올 것인지 희망과 염려를 동시에 안고 초조하게 기다렸다. 잠시 후 방에서 토비야의 아들이 건강한 모습으로 나왔다.

이후 토비야의 아들 부부는 아무 걱정거리 없이 많은 자손을 거느리고 오래도록 행복하게 살았다.

33

유대인의 신앙 vs. 아랍인의 신앙

●

우연히 유대인과 아랍인이 함께 길을 걷고 있었다. 그때 아랍인이 입을 열었다.

"내가 믿는 신앙이 당신 유대인들의 신앙보다 훨씬 낫지요."

그 말에 유대인이 대답했다.

"우리 신앙이 더 낫습니다. 이런 말, '늘 너희에게 내리는 가르침과 같이 올바른 율법과 계명을 가진 위대한 백성이 너희 외에 누가 있겠느냐'는 말도 있지 않습니까?"

"그럼 우리 내기를 해볼까요? 나의 신앙이 나은가 당신의 신앙이 나은가 말이오. 만일 당신의 신앙이 월등하다면 나의 돈을 모두 당신에게 드리겠소. 하지만 나의 신앙이 훨씬 더 훌륭하다면 당신이 가진 돈을 내가 모두 갖겠소. 어떻소, 해볼 테요?"

"좋습니다. 한번 해봅시다."

두 사람은 내기를 걸고 가던 길을 계속 갔다. 그때 악마가 노인 모습으로 그들 앞에 나타났다. 두 사람은 그 노인을 붙잡고 누구의 신앙이 옳은가를 물었다.

"진리는 아랍인의 신앙에 있지요."

노인으로 변장한 악마는 아랍인을 두둔했다. 두 사람은 다시 길을 떠났다.

악마는 젊은이의 모습으로 다시 그들 앞에 나타났다. 두 사람은 조금 전과 같은 질문을 했고, 악마는 역시나 아랍인 편을 들었다.

"아랍인의 신앙이 옳습니다."

계속 길을 나서는 두 사람 앞에 악마는 또다시 중년 남자의 모습으로 나타났다. 두 사람은 여전히 같은 질문을 했고, 악마 역시 같은 대답을 했다.

"아랍인이 옳지요."

세 번의 대답이 모두 아랍인을 편드는 것이었기에 결국 유대인은 가지고 있던 돈을 모두 아랍인에게 줘야 했다.

유대인은 풀이 죽어 힘없이 걷다가 어느 폐가에 이르러 쓰러졌다. 밤이 얼마나 흘렀을까. 악마들이 자기끼리 이야기하는 소리가 들렸다.

"야, 너는 하루 종일 안 보이던데 뭐하고 다녔냐?"

"재미있는 일이 있어서 말이지. 오늘 낮에 어떤 유대인이랑 아랍인이 서로 신앙 다툼을 하더라고. 그래서 내가 아랍인 편을 들어주었지."

말을 나누던 두 악마가 또 다른 악마에게 물었다.

"너는 또 하루 종일 뭐하고 다니느라 안 보였냐?"

"나도 일이 있었지. 어떤 나라의 공주가 출산하는 것을 방해했지. 공주는 일주일 동안 계속 고통에 시달릴 거야. 그 성 뒤에 있는 나뭇잎을 모아서 거기서 짠 즙을 산모 코에 넣으면 순순히 아기가 나온다는 것을 모르는 채 말이야."

다음 또 다른 악마에게 물었다.

"너는 뭐했냐?"

"한 마을에 가서 장난 좀 쳤지. 그 마을에 하나뿐인 샘물을 막아버렸다. 하지만 검은 황소 한 마리를 그 샘 앞에서 죽이면 샘은 다시 콸콸 쏟아지게 되어 있지."

유대인은 악마들이 떠드는 말을 모두 기억해두었다.

날이 밝자, 그는 악마들이 말하던 나라를 향해 일찌감치 떠났다. 그 나라에 도착했을 때, 공주가 난산으로 고통이 심하다고 모두가 근심에 싸여 있었다. 유대인은 성안으로 들어가 왕에게 비방을 일러주었다.

"성 뒤에 있는 나뭇잎을 따 즙을 내고, 그것을 공주님의 코에 넣어주면 순산할 것입니다."

시녀들이 그의 충고대로 하자 공주는 곧 건강한 아기를 낳았다. 왕은 대단히 기뻐하며 그에게 후한 상을 내렸다.

유대인은 그다음, 악마가 샘물을 막아버렸다는 곳으로 가 주민들에게 말했다.

"샘물 앞에서 검은 황소를 죽이면, 샘물이 다시 솟아오를 것입니다."

주민들은 이 유대인의 말을 의심하면서도 사정이 워낙 절박한지라 그의 말대로 해보았다. 그러자 거짓말처럼 샘물이 다시 솟아나기 시작했다. 주민들은 유대인을 후하게 대접해주었다.

다음 날, 유대인은 고향으로 돌아가는 도중에 자기의 돈을 가져갔던 아랍인을 다시 만났다. 아랍인은 부유한 행색의 유대인을 보고 놀라 물었다.

"아니, 이게 어찌된 일이오? 내가 당신의 돈을 몽땅 가져간 것이 얼마 되지 않았는데 어떻게 해서 이리 부자가 되었단 말이오?"

유대인은 그동안 있었던 일들을 모두 이야기했다. 아랍인은 유대인과 헤어진 후 폐허를 찾아가 그곳에 들어가 숨었다. 밤이 되자 정말 악마들이 몰려왔다. 악마들은 그곳에 인간이 숨어 있는 것을 알아채고는 그를 찾아냈다. 결국 아랍인은 악마들에게 죽임을 당했다.

34

아버지의 지혜

•

어떤 유대인이 공부하는 아들 하나만 고향에 남겨둔 채 하인과 모든 재산을 가지고 외국으로 갔다. 몇 년이 흐른 뒤, 외국에 간 유대인은 그곳 풍토병에 걸려 목숨이 위태롭게 되었다. 그는 유언을 하기 위해 대서인을 불렀다.

"유언장을 만들어주시오. 하느님께서 주신 내 모든 재산은 하인에게 모두 물려주겠소. 내 고향 이스라엘에 아들이 하나 있기는 하지만, 그 아이에게는 내 유산 중 마음에 드는 딱 한 가지만을 골라 가지도록 할 생각이오."

대서인은 그의 말대로 유언장을 작성하고 서명했다.

얼마 후, 유대인이 죽자 하인은 재산을 깨끗이 정리한 뒤 주인이 남긴 유언장을 가슴에 꼭 품고 고국으로 향했다. 하인은 죽은 주인의 아들을 찾아가 유언장을 전하며 사실을 말했다.

"부친께서는 풍토병에 걸려 돌아가셨습니다."

아버지의 비보를 들은 젊은 아들은 하인에게 물었다.

"아버지 재산은 어떻게 되었느냐?"

"주인님께서는 모든 재산을 저에게 넘겨주셨습니다. 당신에게는 갖고 싶은 것 한 가지만을 골라 가지라고 하셨습니다."

아들은 아버지의 유언에 큰 충격을 받았다. 몹시 상심한 그는 스승에게 가 하소연하였다.

"제 아버님께서는 저만을 남겨두고 사업차 외국으로 나가셨습니다. 저는 언젠가는 아버님의 재산을 물려받을 것이라 생각하면서 이곳에 남아 오로지 학업에만 열중해왔습니다. 그런데 이제 유언장을 보니 모든 재산이 하인 앞으로 상속되어 있고, 제게는 단 한 가지만 골라 가지라고 되어 있더군요. 스승님, 이럴 수가 있습니까?"

스승은 잠깐 생각에 잠기더니 빙그레 웃으며 말했다.

"너의 부친이 하신 일은 참으로 현명한 일이었다. 부친께서 그렇게 한 것은 자신이 죽은 후, 그 재산을 하인이 마음대로 처분하고 도주할 것을 예방하기 위함이었다. 너는 곧 하인과 함께 재판관에게 가서 유언장 문제를 처리해라. 재판관이 네게 제일 갖고 싶은 것을 하나 고르라고 할 때, 너는 '이 하인이 갖고 싶습니다'라고 말하면 다 해결될 것이다. 하인의 모든 재산은 곧 주인의 재산이 되는 것이니 말이다."

젊은 아들은 스승의 가르침대로 하여 하인은 물론 아버지의 유산까지도 자기 소유로 만들었다.

35

두 장로의 계략

●

유대인 요야힌은 수잔이라는 아내와 함께 하느님을 열심히 섬기며 살았다. 요야힌은 큰 부자였으며 덕망 또한 높았으므로 많은 사람에게 칭송을 받았고, 그의 집에는 항상 친지와 손님이 들끓었다.

두 사람의 장로가 마을 재판관으로 뽑혀 요야힌의 집에 머물며 재판일을 보게 되었다. 두 장로는 요야힌의 아내 수잔의 모습을 보고는 그녀의 미모에 반해 음흉한 생각을 품기 시작했다.

처음에 두 사람은 자기의 못된 마음을 서로 감추었으나, 어느 날 수잔이 정원에서 거닐고 있는 것을 숨어서 엿보던 두 사람은 서로의 음충한 마음을 알아채게 되었다.

두 사람은 검은 마음을 서로 고백하고는 마침내 수잔을 범하는 데 협

력하기로 했다. 두 사람은 자신들의 흑심을 채우기 위해 모의를 시작했다. 그리고 수잔이 정원에서 목욕하고 있을 때를 기회 삼기로 했다.

햇볕이 따스한 어느 날, 수잔은 하녀를 데리고 정원에 흐르는 개울로 목욕을 하러 나왔다. 큰 나무 그늘에 몸을 숨긴 두 장로는 하녀가 자리를 뜨기를 기다렸다. 이윽고 하녀가 향수를 가지러 자리를 떴고, 수잔은 옷을 벗고 개울물로 들어갔다. 그 순간, 두 장로는 나무 그늘에서 불쑥 튀어나왔다.

"우리가 하는 말을 잘 들어라. 순순히 말 듣지 않으면 네가 젊은 놈과 놀아나는 현장을 목격했다고 소문내겠다."

수잔은 너무 놀라 정신이 없었다. 하지만 하찮은 인간에게 욕을 당하느니, 차라리 신의 손에 모든 걸 맡기는 게 낫겠다고 생각했다. 그녀는 하늘을 향해 큰 소리로 외쳤다.

"신이시여, 이 악당들로부터 저를 구해주소서."

그러자 두 장로도 질세라 큰 소리로 수잔을 꾸짖기 시작했다. 이윽고 집안 사람들이 정원 쪽으로 하나둘 모여들었다. 그리고 그들은 장로 두 사람이 수잔을 간음죄로 꾸짖고 있는 것을 보았다. 지금까지 수잔을 정숙하고 순결한 여인으로서 존경했던 만큼 그 광경에 무척 놀랐다.

다음 날 사람들이 모인 곳에서 두 장로는 수잔을 음탕한 여인으로 고발했다.

"우리 둘이 정원을 거닐고 있었을 때의 일이었소. 저 여인이 하녀를 집 안으로 돌려보냈고, 얼마 안 있어 어떤 젊은 놈이 나타나더니 아주 거리 낌 없이 저 여인 곁에 누웠소. 그 광경을 보고 우리는 달려가 그 젊은 놈 을 붙잡으려 했으나 그만 놓치고 말았소. 그 젊은 놈은 아마도 저 여인 이 끌어들인 남자가 틀림없을 것이오."

마을 사람들은 장로들의 증언을 듣고는 수잔이라는 여자의 본모습을 새삼 알게 되었다며 매우 분노했다. 장로 위치에 있는 사람들이 감히 위 증을 했으리라고는 꿈에도 생각하지 못했기에 그들은 장로들의 말만 듣고 수잔을 끌어냈다.

장로들은 그녀의 옷을 벗겨 알몸을 만들라 명했다. 다시 한 번 그녀의 알몸을 즐기려는 치사한 속셈이었던 것이다. 그러고는 음탕한 여자이 니까 돌로 쳐 죽이라는 판결을 내렸다. 돌팔매질로 죽을 위기에 처한 수 잔은 하늘을 향해 기도했다.

"신이시여, 신께서는 저의 결백함을 아실 겁니다. 저를 부당한 형벌에 서 구원해주소서. 세상 사람들이 제가 음탕한 여자라고 생각지 않게 해 주소서."

수잔의 억울함을 잘 알고 있는 신은 예언자 다니엘을 불렀다. 그러고 는 수잔의 결백을 밝히라 명했다.

수잔을 향해 사람들이 돌을 던지려는 찰나, 다니엘이 나타나 그들을 제지했다.

"이스라엘에서는 사형선고를 하는 경우, 그때의 사정을 꼭 조사해보도록 되어 있소. 내가 이 사건을 다시 한 번 조사할 수 있게 해주시오."

그리하여 수잔은 형장에서 다시 재판정으로 끌려왔다. 두 장로가 출두하여 다시 거짓 증언을 되풀이했다. 다니엘은 두 장로를 따로 떼어놓고 심문을 했다. 그는 각 장로에게 물었다.

"이 여자가 젊은 남자와 놀아난 곳이 어떤 나무 밑이었습니까?"

"텔레빈 나무 아래였습니다."

"플라타너스 나무 밑이었습니다."

두 장로는 서로 다른 대답을 했다.

"이 정원엔 텔레빈 나무는 한 그루도 없소. 그리고 똑같은 광경을 보았다는 사람들이 지금은 서로 다른 나무 밑이었다 대답하고 있소. 이래도 이 두 사람을 믿을 수 있겠소?"

다니엘의 몇 마디에 이 사건의 전모는 두 장로가 꾸민 계략이었음이 분명히 드러났고, 재판정에 모인 사람들은 두 장로를 향해 돌을 던지기 시작했다. 수잔이 받아야 했던 형벌을 대신 받게 된 것이다.

36

농부의 횡재

•

옛날 투르크 나라에서의 일이다. 깊은 산골에 정직하고 성실한 농부 하나가 살고 있었다.

어느 해, 유난히 뽕나무가 잘 자라서 누에도 번식을 많이 했다. 농부는 누에고치를 잔뜩 따 인근 도시에서 팔기로 결심했다. 그의 산골에서 며칠 걸리지 않은 곳에 꽤 번성한 도시가 있기 때문에 고치를 내다 파는 것은 그리 어렵지 않았다.

농부는 고치를 자루에 가득 채워 나귀의 등 한쪽에 매달았다. 무게의 중심을 맞출 요량으로 반대쪽 등에다 돌을 넣은 자루를 매달았다.

이윽고 그는 길을 떠났다. 가는 길에 농부는 나그네 하나를 만났다. 나그네는 농부에게 물었다.

"어디로 가는 길이오?"

"누에농사가 잘되어 고치를 팔러 도시로 가는 길입니다. 심심하던 참이었는데 이렇게 만나니 참 반갑군요. 당신은 어디로 가십니까?"

"나는 이곳에서 꽤 먼 곳에 살고 있소. 그곳은 현인들이 많이 살고 있고! 나는 거기서 글을 쓰며 살고 있소. 이 투르크에는 동생 하나가 살고 있고, 친구도 여럿 있소. 지금 나는 그들을 만나려고 가는 길이오."

두 사람은 가는 길에 이 얘기 저 얘기를 주고받았다. 그때 갑자기 나귀가 비틀거리더니 풀썩 주저앉았다. 농부는 당황하여 어찌할 바를 몰라했다. 나그네가 말했다.

"저 나귀는 짐을 너무 많이 실어서 그런 것 같소. 나귀의 등에서 짐을 좀 덜어주면 괜찮아질 거요."

농부와 나그네는 나귀의 등에서 짐을 내렸다. 그때 돌이 든 자루를 발견한 나그네가 물었다.

"이 돌은 왜 실었소?"

"양쪽 무게중심을 잡기 위해서죠."

"쓸데없는 짓을 했군, 쯧쯧. 내 당신에게 균형 잡는 법을 가르쳐주겠소."

그는 돌을 쏟아버리고, 고치를 양분하여 두 개의 자루에 나누어 넣었다. 그러고는 한 개씩 양쪽 등에 매달았다. 기운을 차린 나귀가 다시 걸을 수 있게 되었다.

두 사람은 다시 걷기 시작했다. 나그네는 농부에게 이런저런 이야기를 건넸다. 그 덕분에 여행길은 지루하지 않았다. 농부는 대화를 하면서 나그네가 현명하다는 것을 알았다.

"당신은 이렇게 지혜가 있는데 어찌하여 그리 가난하죠?"

"우리 같은 글쟁이는 재물 욕심이 없소. 우리는 말하자면 이스라엘을 아름답게 장식하는 존재라고나 할까?"

농부가 말했다.

"당신이 하느님께 받은 것이 가난이라면, 나는 당신을 친구로 삼아 함께 이야기를 나눌 이유가 없어요. 자, 우리 이제 헤어져요. 먼저 떠나시죠."

이에 나그네는 농부를 남겨두고 먼저 길을 떠났다. 농부는 오던 길을 다시 돌이켜 조금 전에 돌을 버렸던 곳으로 갔다. 그는 고치를 자루 하나에 몰아 담고, 한쪽 자루에 다시 아까 버렸던 돌을 넣었다.

며칠 후, 드디어 농부는 도시에 이르렀다. 그는 그곳에서 숙소를 정하고 나귀에게 여물을 먹였다.

이튿날 아침, 상인이 와 고치를 저울로 달아 값을 지불하였다. 상인이 물었다.

"또 팔 것 없소?"

농부가 대답했다.

"더 이상 팔 것은 없어요. 내게는 이젠 균형을 맞추기 위해 매달고 온 돌덩이밖에는 없죠."

돌을 힐끗 본 상인은 그것이 쇠를 가는 데 필요한 연마석임을 금방 알아챘다. 그 즈음, 이 나라에는 모든 창과 칼을 날카롭게 갈아놓으라는 왕의 명이 떨어진 상태였다. 그리고 왕의 명령을 지키지 않으면 큰 벌을 받게 되어 있었다.

"저 돌들을 내게 파시오. 값은 잘 쳐주리다."

쓸데없는 돌에 불과하다고 생각한 농부는 상인의 제안에 웃음을 터뜨리며 말했다.

"그냥 줄 수도 있는 돌이지만 당신이 그렇게 말하니…… 좋아요. 그럼 고치의 값 두 배를 주시겠어요?"

"그 값을 지불하지요."

상인은 농부에게 그 값을 지불했다. 생각지 않은 큰돈을 벌게 된 농부는 나그네의 말을 따르지 않은 것을 다행으로 생각했다.

"내가 그 글쟁이처럼 현명하지 않지만 다행이야. 무턱대고 다른 사람의 말에 귀 기울이면 손해를 볼 일이 생기게 마련이지."

농부는 기분 좋은 마음으로 귀갓길을 재촉했다.

37

상인의 지략

•

상인 하나가 도시에 왔다. 그는 며칠 뒤에 물건을 싸게 판다는 사실을 알아내고 물건 사는 것을 미루기로 했다. 그러나 그는 많은 현금을 갖고 있었으므로 다니기가 좀 불편했다. 그래서 그는 조용한 장소로 가 자신의 돈을 모두 땅에 묻었다.

이튿날 그곳에 가보니 돈이 모두 사라졌다. 그는 주변을 둘러보았다. 저 멀리 집 한 채가 눈에 들어왔다. 그 집 벽에는 구멍이 하나 뚫려 있었다. 그는 생각했다.

'아마 저 집에 살고 있는 사람이, 내가 돈을 파묻고 있는 것을 구멍으로 보고서 나중에 파낸 것이 틀림없어.'

그는 그 집으로 가 거기에 살고 있는 늙은 영감을 만나 물어보았다.

"당신은 도시에 살고 있으므로 시골에 사는 나보다 현명할 것입니다. 나는 당신에게 지혜를 빌릴 일이 있습니다. 나는 이 도시에 물건을 장만하러 왔습니다만, 지갑을 두 개 갖고 있습니다. 하나에는 오백 개의 은화가 들어 있고, 또 하나에는 팔백 개의 금화가 들어 있습니다. 나는 작은 쪽 지갑을 아무도 몰래 어떤 곳에 파묻었습니다. 이제 큰 지갑도 같은 곳에 파묻을까 합니다만, 어떤가요? 파묻는 게 좋을까요, 아니면 누군가 믿을 만한 사람에게 맡기는 게 좋을까요?"

늙은 영감이 대답했다.

"내가 당신이라면 나는 아무도 믿지 않겠습니다. 저기 작은 지갑을 파묻은 장소에 큰 지갑도 파묻겠습니다."

늙은 영감은 장사꾼이 집에서 나가자 자기가 훔쳐 온 지갑을 전에 파묻었던 곳에 갖다 묻었다. 장사꾼은 그것을 숨어 지켜보았다. 그렇게 그는 곧 무사히 자기 지갑을 되찾을 수 있었다.

사랑의 향기

질투는 천 개의 눈을 가지고 있지만, 그 가운데 한 개의 눈도 올바로 보지 못한다. 보드라운 흙으로 빚은 남자를 기쁘게 하는 것이 딱딱한 뼈로 빚은 여자를 기쁘게 하는 것보다 쉽다.

38
전생의 부부

•

만인의 존경을 받는 현자가 어떤 마을에 이르렀을 때였다. 마침 현자 곁을 여자 거지가 어린 사내아이와 함께 지나가고 있었다. 현자는 얼른 그 거지 모자를 세웠다.

"이 아이를 내게 맡기시오. 내 곁에서 성전을 공부하면 이 아이는 훌륭하게 될 것 같소."

"싫습니다. 저는 이 아이와 떨어져선 한순간도 살 수 없습니다."

현자가 몇 번을 간곡히 부탁했지만 여자는 막무가내였다. 사내아이가 영리할 뿐만 아니라 귀여워 도무지 떨어져 지내고 싶은 마음이 들지 않았기 때문이다. 현자는 일단 그 자리에서 물러났다.

현자는 여자가 기거하는 곳으로 사람을 보내어 사내아이를 자기에게 맡겨줄 것을 거듭 요청했다. 처음에 완강히 거부하던 여자도 집요한 설득으로 인해 마음을 고쳐먹고 아들을 현자에게 데려왔다. 현자는 기뻐하며 여자에게 많은 선물을 주었다.

그 후, 현자는 소년을 정성껏 교육시켰다. 본래 현명한 아이라 얼마 지나지 않아 소년은 많은 지식을 섭렵하며 놀라울 정도로 성장했다. 부자들과 신분 높은 사람들이 그 소년을 아끼며 서로 자기 양자로 달라고 부탁했지만 현자는 그러한 청을 단호히 거절했다.

이윽고 그 소년이 성년이 되었을 때, 현자는 하인을 불러 마을의 어떤 사람에게 가 청혼하는 편지를 전하고 오라 시켰다. 그리고 하인에게 "만일 그가 자기 딸을 내가 가르친 아이에게 시집보낼 마음이 있다"고 하면 즉시 혼례 서류를 만들어 가져오라고 했다.

하인은 현자가 말한 마을로 찾아갔고, 한 부잣집에 머무르게 되었다. 그 집은 다름 아닌 현자의 제자 집이었다. 그 제자는 스승이었던 현자의 안부를 물으며 하인을 융숭하게 대접해주었다.

만찬이 무르익을 무렵, 하인은 현자가 써준 편지를 보여주며 그곳에 오게 된 이유를 말해주었다. 그 이야기를 들은 사람들은 현자의 하인이 만날 사람이 이 마을의 가난한 야채 장수라는 사실을 알게 되었다. 그들은 현자가 훌륭하게 교육시킨 젊은이를 겨우 가난한 야채 장수의 딸과 결혼시키려 한다는 것을 알고는 매우 놀라워했다. 그러면서 변두리에 있는 그의 누추한 집까지 일부러 찾아갈 필요 없이 이 집에 물건을 팔러 올 때 만나면 된다고 일러주었다.

"조금 있으면 그 야채 장수가 올 것이네."

과연 가난에 찌든 야채 장수가 나타났다. 현자의 하인은 그에게 가지고 온 편지를 보여주었다. 그러나 그는 글을 읽을 줄 몰랐다.

"현자께서 그대와 인연을 맺고 싶다는 말씀이네. 자네의 큰딸과 현자께서 손수 키운 훌륭한 젊은이를 결혼시키고자 하는데 자네 생각은 어떤가? 결혼식 준비는 모두 현자께서 하실 것이고, 자네 집에 푸짐한 선물도 하실 걸세."

"제가 무슨 말을 하겠습니까? 현자께서 그토록 모든 걸 알아서 해주신다니, 저희는 그저 현자님을 따르겠습니다."

이야기를 마치고 하인은 현자가 있는 곳으로 돌아갔다.

곧 날을 받아 현자는 두 사람을 결혼시켰다. 그러나 사람들은 이번 결혼이 가당치도 않다고 이구동성으로 말했다.

"현자께서는 지금껏 훌륭하고 옳은 말만 해오셨습니다. 그런데 이번에 가난한 야채 장수의 딸을 신부로 맞아들인 일은 잘못된 것 같습니다. 인연을 맺고 싶어 하는 이름 있는 집안도 많이 있는데 하필이면 일개 야채 장수의 딸이라니요. 아무리 생각해도 그 이유를 알 수 없습니다. 저희에게 그 이유를 말씀해주시겠습니까?"

현자는 조용히 입을 열었다.

"그 둘은 전생에 부부였네. 젊은이는 전생에서 어느 이교도 나라의 왕자였네. 총명하고 학문에도 열중하여 히브리인의 저서와 모세의 가르침에 통달한 그는 이스라엘 신앙에 귀의해야겠다고 결심했지. 마침내 어느 유대인의 권고대로 왕궁을 나와 멀리 떨어진 나라의 스승을 찾아갔네. 그곳에서도 우리 신을 섬기면서 경전을 몸에 익히기를 게을리하지 않고 곧 높은 경지에 이르게 되었지. 그는 강제로 유대 신앙을 단념해야 했던 어느 공주와 결혼도 하게 되었네.

그의 영혼은 때때로 육체를 떠나 한참 동안 떠돌아다닐 정도의 경지까지 이르렀지. 그런 어느 날, 그 젊은이는 에덴동산에 갔다가 동산의 가장 높은 곳에 넓은 방이 있는 것을 보고 거기에 들어가려고 했지. 그런데 출신 가문이 문제되어 그곳에 들어갈 수 없게 되었다네. 그는 '이교도가 아닌 다른 가문에서 태어난다면, 가문이 문제가 되어 그 방에 못 들어갈 일은 없겠지?' 하고 생각했다네. 그는 '그렇다면 다시 한 번 세상에 태어날 수 없을까? 그렇게 된다면, 이 최고의 영광을 얻을 수 있지 않을까?' 하고 자문했지. 그러고는 아내만 허락한다면, 그렇게 해봐야겠다고 마침내 결심했다네. 그는 아내에게 가 모든 것을 이야기하고 자신을 죽게 내버려두라 부탁했다네. 그러자 아내 또한 '저도 따라 죽겠습니다. 그리고 두 번째의 생에서도 저와 결혼해주신다면 당신의 뜻대로 해도 좋습니다'라고 했다네.

젊은이는 아내의 결심에 고마워하며 아내와 두 번째 생에서도 부부가 될 것을 약속했네. 그렇게 두 사람은 죽었고, 다시 한 번 이 세상에 태어나게 되었네. 그 여자 거지의 아들이 바로 그때의 신앙심이 두터웠던 왕자였고, 그때의 공주가 바로 야채 장수의 딸일세. 그래서 내가 이 젊은이를 그토록 교육시키고, 야채 장수의 딸과 결혼을 시키려고 애쓴 거라네. 이제 모든 걸 이해하겠는가?"

39

소년의 결혼식

•

하얀 눈이 펑펑 내리는 어느 한겨울날, 현자는 집안 잡일을 맡아 일하는 소년을 불렀다.

"이제 네 꼴을 보기 싫으니 당장 내 집에서 나가라."

갑작스런 명령에 소년은 눈물을 흘리며 애원했다.

"이렇게 추운 날씨에 저에게 나가라고 하시면 전 어디로 가야 합니까? 제가 잘못한 일이 있다면 벌을 내려주시고, 제발 이 집에서 나가라는 말씀만은 말아주십시오."

그러나 현자는 완강히 거절했다.

"나의 집에서, 아니 이 마을에서 떠나라. 여기는 네가 있을 곳이 아니다. 네가 하는 짓이 내 마음에 들지 않으니, 넌 이곳에 있을 필요가 없다."

소년은 눈물을 흘렸다. 현자의 곁에 있던 사람들도 소년의 편을 들어 갑작스레 변한 현자의 마음을 돌리고자 애썼다. 그러나 어느 누구도 현자를 설득할 수 없었다.

상황이 이렇게 되자, 소년은 더 이상 현자의 집에 머무를 수 없었다. 소년은 현자의 집을 뒤로하고 목적지 없이 터벅터벅 길을 걷기 시작했다.

해질 무렵, 피곤과 추위에 지친 소년은 어느 여관 앞에 이르렀다. 소년은 여관 여주인에게 하룻밤만 재워달라고 사정했다. 여주인은 추위에 떠는 소년의 모습을 보고는 가엾게 여겨 허락해주었다. 눈보라가 치는 날씨에 하루 종일 걸었던 소년은 따뜻한 난롯가에서 몸을 녹이다가 어느덧 잠이 들었다.

그날 밤 마을 상인 몇 명이 이 여관에 투숙하게 되었다. 그들은 여관 식당에서 먹고 마시며 와자지껄 떠들어댔다. 그들은 한참을 그렇게 떠들다가 그것도 시들해져서 '무슨 재미있는 일이 없을까?' 하고 여관 구석구석을 둘러보았다. 그러다 난로 곁에서 자고 있는 소년을 발견하고는 여주인에게 그 소년을 깨우라고 했다. 그러고는 소년에게 식사를 대접하게 했다. 그들은 돈 많은 상인들이었기에 여관 여주인은 손님들의 비위를 건드리지 않으려고 그들 말대로 따랐다. 얼마 후, 손님들은 여주인에게 혹시 딸이 있느냐고 물어보았다.

"딸이 하나 있긴 합니다만……."

"거, 잘됐군. 혹시 이 소년을 사위로 삼을 마음이 없소? 만일 그럴 마음이 있다면 이 자리에서 식을 올려주는 게 어떻소?"

여관 여주인은 손님들이 심심해서 장난을 치고 싶은 모양이라고 생각했다. 그래서 그들의 기분을 맞춰주려고 딸을 불러내어 결혼식을 올리게 했다. 어린 딸은 어리둥절하여 영문도 모르는 채 어머니가 시키는 대로 했다.

마침내 상인들의 생각대로 성혼되었고, 현자의 집에서 쫓겨난 소년은 율법과 관습에 따라 신부를 얻었다. 물론 그때까지도 여주인은 장난이려니, 생각했다. 식이 다 끝나고, 상인들은 모든 비용을 지불하고 목적지로 떠났다.

몇 시간 뒤, 여행을 떠났던 여관 주인이 돌아왔다. 여주인은 얼마 전에 일어났던 일들과 재미있는 손님들에 대해 이야기했다. 여주인은 아주 재미있었다는 듯이 이야기를 했건만, 주인은 딸의 결혼 이야기를 듣고는 벌컥 화를 냈다.

"아무리 장난이어도 그렇지, 결혼식을 올리다니 말이 되오? 이제 어찌할 것이오? 율법과 관습에 따라 결혼식을 올렸으니, 이제 그 결혼식은 무효가 될 수 없단 말이오!"

여관 주인이 곧 소년을 불렀다.

"어디 사람인가? 무엇을 하고 있으며, 왜 이곳에 오게 되었는가?"

소년은 현자의 집에서 쫓겨난 이야기를 모두 사실대로 털어놓았다.

이튿날 아침, 여관 주인은 마차를 준비하여 소년을 데리고 현자가 살고 있는 마을로 갔다. 두 사람이 집 문턱을 넘어서자마자 현자가 웃으면서 마중 나왔다.

"축하합니다. 나는 그대의 딸이 이 소년의 아내가 될 것이라는 것을 아주 오래전부터 알고 있었소. 그러나 그것이 어떤 식으로 이루어질 것인지까지는 알 수가 없었지요. 딸의 아버지인 그대는 자존심이 강한 사람이라 가난한 소년에게 그리 호락호락 딸을 주진 않을 것이라 생각했소. 정말로 과연 어떻게 결혼이 성사될 것인지 무척 궁금했다오. 그래서 나는 이 소년을 밖으로 내쫓았고, 그 결과는 당신이 아는 바와 같소. 이 소년은 이제 당신의 사위가 되었소. 이는 다 신께서 그렇게 하신 일이니 조금도 서운해할 필요는 없소. 이제 그 결혼식을 주선한 그 상인들이 누구였는지를 그대도 알 수 있겠지요?"

40

아내의 사랑

●

이스라엘에 카르바 사우어라는 남자가 있었다. 그에게는 딸이 있었는데, 그녀는 대단히 미인일뿐더러 착하기 이를 데 없었다.

그녀에게는 사랑하는 사람이 있었는데, 그는 다름 아닌 이 집의 양치기 아키워였다. 아키워를 끔찍이 사랑하는 주인집 딸은 어느 날 기어코 아키워에게 사랑을 고백했다.

"저를 아내로 맞아주세요."

아키워 또한 그녀를 몹시 사랑하고 있었기에 그는 말했다.

"나로서는 더할 수 없는 행복이오."

이 사실이 카르바 사우어의 귀에 들어갔고, 그는 몹시 화를 내며 펄쩍 뛰었다. 학식도 가문도 형편없는 자를 좋아하는 자신의 딸까지 그렇게 미울 수가 없었다. 카르바 사우어는 자기의 딸 내외에게는 재산 한 푼도 주지 않겠노라 맹세했다.

그러나 딸은 아버지의 노여움에 전혀 개의치 않고 아키워와 결혼했다. 아키워는 가난을 잘 참아주는 아내를 위로해주었다.

"우리가 지금은 궁핍하기 때문에 어렵고 힘든 일이 많소. 하지만 마음을 단단히 먹고 어떠한 일이라도 하느님께 맡기는 태도로 살아갑시다. 언제고 부자가 되면 그동안 당신의 수고를 모두 보답해주리다. 금으로 만든 머리띠를 당신에게 꼭 선물하겠소."

아키워와 그의 부인은 가난한 살림이지만 많은 사람에게 온정을 나누어주며 착실하게 살았다. 그렇게 세월은 흘러 아키워의 나이가 마흔 살이 되었다. 어느 날, 부인은 아키워에게 경전의 가르침을 공부하라고 부탁했다.

"예루살렘으로 가 성인들에게 성서의 가르침을 받고 오십시오."

아키워가 말했다.

"당신도 알다시피 내 나이 지금 마흔이오. 이 나이에 시작해서 도대체 무얼 배운단 말이오?"

"신의 가르침을 배우는 데 상관없음을 왜 모르십니까? 저는 나이나 체면보다 경전에 감춰진 깊은 뜻을 당신이 배우고 익히길 바랍니다."

아키워는 부인의 간곡한 부탁에 경전을 공부하겠노라 각오했지만 썩

내키지는 않았다.

어느 날, 아키워는 우연히 우물가를 지나다가 우물 가장자리의 돌이 파여 있는 것을 발견했다.

"어째서 이 부분만 돌이 파여 있을까?"

그는 혼잣말로 중얼거렸다. 그런데 어디선가 이런 대답이 들려왔다.

"두레박을 들어 올릴 때마다 두레박줄에 돌이 쓸려 오랜 세월 그렇게 닳아 홈이 파진 것입니다."

아키워는 그 말을 듣고 곰곰이 생각에 잠겼다.

'이렇듯 가늘고 약한 두레박줄이 돌처럼 단단한 것을 닳게 할 수 있다면……. 내가 마음만 먹으면 아무리 쇠붙이같이 단단한 신의 말씀이라도 충분히 깨우칠 수 있을 것이다.'

아키워는 아내의 말에 따라 경전을 공부하러 길을 떠났다. 그는 예루살렘에 있는 현자 엘리에셀과 여호수아를 찾아갔다.

"저에게 가르침을 주십시오."

아키워는 그 두 스승의 문하에서 12년간 가르침을 받았고, 결국 경전에 능통해졌다.

그를 따르는 12,000명의 제자들을 거느리고 그가 고향으로 돌아오는 길에서였다. 이런 이야기가 그의 귀에 들려왔다. 고향에 혼자 남아 있는 아내에게 어떤 사내가 이런 말을 했다는 거였다.

"당신은 결혼을 잘못한 거요. 무식한 양치기와 결혼했기 때문에 당신 아버지까지 당신을 박대한다면서요? 게다가 그 양치기는 집을 나간 지 십이 년이나 되었는데도 모습조차 보이지 않으니, 어찌 당신 결혼이 불행하다고 말하지 않겠소? 당신은 지금 과부나 마찬가지 아니겠소?"

물론 아키워의 아내는 한 치의 흔들림도 보이지 않았다고 했다.

"나는 그분이 앞으로 십이 년을 더 객지에서 계신다 해도 원망하지 않습니다. 아무리 오랜 시간이 흐르더라도 상관치 않습니다. 난 그저 그분이 무지를 깨우치고 오시기만을 바랄 뿐입니다."

아키워는 그 이야기를 전해 듣고는 발걸음을 돌려 다시 스승에게 돌아갔다. 그리고 12년을 더 공부했다.

12년 후, 그가 다시 고향으로 향했을 때에는 그의 뒤를 24,000명의 제자가 따르고 있었다. 현자와 수많은 제자가 마을로 향하고 있다는 이야기를 들은 아키워의 고향 장로들은 현자와 제자들을 환영하기 위해 마을 사람들과 함께 마을 입구로 나왔다. 그들은 아무도 아키워를 알아보지 못했으며 더구나 아키워라고는 상상도 하지 못했다.

아키워는 오직 아내에게만 살며시 그의 귀향을 알렸다. 그녀는 당장이라도 달려가 남편을 맞이하고 싶었지만, 해질 대로 해진 누더기 옷밖에 없는지라 약간 주저하게 되었다. 그러나 남편은 자신을 알아주리라 생각하고는 남편 앞으로 나아가 땅바닥에 고개를 숙였다. 남루하기 그

지없는 여인이 스승의 앞을 가로막자, 아키워의 제자들이 그녀를 쫓아 내려 했다. 그러자 아키워는 차분히 말했다.

"그 여인을 그대로 두라. 그녀야말로 나와 그대들을 신의 가르침으로 인도해준 여인이다. 근 이십사 년 동안 수많은 노고를 아끼지 않은 나의 가장 소중한 사람이다."

한편 카르바 시우어도 현자가 마을에 온다는 소문을 듣고는 서둘러 맞이하러 나갔다. 현자를 만나보고 자신이 일찍이 맹세했던 것을 취소받을 생각이었다. 고생만 하는 딸이 전부터 마음에 걸려 몹시 괴로웠기 때문이다. 아키워는 카르바 사우어가 하는 이야기를 모두 들었다.

"저는 딸을 몹시 사랑했기에 그녀가 현명한 자와 결혼하기를 바랐습니다. 그런데 재산도 없고 무식한 양치기와 결혼해서 저는 제 딸까지 미워졌습니다. 그리하여 재산 한 푼도 나누어주지 않겠다는 그런 경솔한 맹세를 해버렸지 뭡니까?"

"만일 그 사위라는 자가 저 같은 사람이라면 당신은 그래도 딸을 미워하겠습니까?"

"아니지요. 그자가 선생님처럼 거룩한 것은 바라지도 않습니다. 그저 경전 한 줄만이라도 읽을 줄 안다면 재산의 절반을 주었을 것입니다."

아키워는 조용히 미소를 짓고는 부드럽게 말했다.

"제가 바로 그 아키워입니다. 장인어른의 사위라는 말씀입니다."

카르바 사우어는 매우 놀라며 아키워의 얼굴을 자세히 들여다보았다. 이내 그는 자신의 사위임을 알아보고는 얼싸안았다. 그리고 약속대로 재산의 절반을 아키워에게 나누어주었다.

부자가 된 아키워는 약속대로 사랑하는 아내에게 금으로 만든 머리띠를 선사하였다.

41

하계의 왕자와 이승의 부인

●

어느 마을에 부자가 살고 있었다. 그 부자는 재물이 많을뿐더러 현명하고 자비롭기로 소문이 자자했다. 그 아내 또한 정이 많은 여자로, 어려운 사람을 보면 항상 도와주고 힘이 되어주곤 했다.

그럼에도 이들 부부에게 근심이 하나 있었으니, 그것은 슬하에 자식이 없다는 것이었다. 그러던 어느 날, 이 부부의 집에 어떤 초라한 부인이 찾아왔다. 그녀는 비록 헐벗었지만 덕망이 있어 보였는데 그녀는 어린 계집아이를 데리고 있었다. 그 부인은 이 집의 안주인 발밑에 엎드려 애원했다.

"이 아이와 저는 집도 친지도 없는 불쌍한 모녀입니다. 부디 이 집에서 일하도록 허락해주십시오. 저희에게 동정을 베풀어 그렇게만 해주신다면 열심히 일하겠습니다."

안주인은 기품 있어 보이는 부인의 딱한 처지에 동정이 갔다.

"그렇게 하게나. 이 집에서 우리와 함께 살도록 하세."

"정말 감사합니다. 이젠 더 이상 바랄 게 없습니다. 이 집의 하인으로서 열심히 일할 것을 약속드립니다."

그렇게 하여 이 집의 하인이 된 모녀는 그 어떤 하인보다 열심히 일했다. 그들 모녀는 아무리 고된 일도 기쁜 얼굴로 정성껏 해냈기 때문에 곧 주인 내외로부터 따뜻한 대접을 받았다.

얼마 지나지 않아 여인이 죽고 딸만 남게 되었다. 주인 내외는 그 어린 아이를 입양하여 마치 자신들의 친딸처럼 소중히 여겨주었다. 안주인은 그녀에게 예의규범을 가르쳐 여느 집 딸 못지않은 여인으로 키웠다. 그렇게 하는 동안 세월은 흘러 그 어리기만 했던 소녀가 어느덧 열세 살이 되었다.

어느 날, 그 집에 건장한 체격을 한 미남자가 찾아와서는 주인 앞에 무릎을 꿇고 애원하였다.

"저를 이 집의 하인으로 써주십시오. 먹고 자는 것만 해결되면 더 이상 바라지 않겠습니다."

친절한 주인은 그렇게 하라고 승낙했다.

"자네가 정말 열심히 일하면 정당한 임금을 주도록 하지."

"감사합니다. 열심히 일하겠습니다."

젊은이는 그 집에 머물면서 주인을 위해 헌신적으로 일하였다. 주인이 입을 열기가 무섭게 그대로 행했고, 아무리 힘든 일을 시켜도 젊은이는 척척 해냈다. 그런 덕분에 곧 주인으로부터 인정받게 되었고, 하인 중에서도 대접받는 존재가 되었다. 주인은 젊은이의 일하는 모습에 만족했으며 날이 갈수록 그에 대한 신임이 두터워졌다.

어느덧 2년의 세월이 흘러 젊은이와 열다섯 살이 된 처녀 사이에 사랑이 싹트기 시작했다. 젊은이는 아름다운 처녀에게 사랑을 고백했다.

"나는 당신을 사랑하고 있소. 당신과 결혼하고 싶소. 내 사랑을 받아주겠소?"

씩씩한 젊은이로부터 달콤한 사랑 고백을 들은 처녀는 얼굴을 붉히며 말했다.

"저도 당신이 좋아요. 하지만 제게 친부모나 다름없는 그분들의 허락을 얻기 전에는 아무 말씀도 드릴 수가 없습니다. 만일 그분들이 허락하신다면 저도 당신의 청혼을 받아들이겠어요."

"당신의 그런 뜻은 내가 주인님께 말씀드려보겠소. 아마 주인님께서도 허락해주실 것이오."

다음 날, 젊은이는 주인 앞에 나아가 아뢰었다.

"제게 소원이 하나 있는데 주인님께서 허락해주셨으면 합니다."

"그래, 무엇인지 말해보거라. 내 힘으로 될 수 있는 일이라면 무슨 소원인들 못 들어주겠느냐?"

"주인님께서 딸처럼 키우신 처녀를 사랑하고 있습니다. 그녀와 결혼하고 싶습니다."

"그거 반가운 얘기로구나. 나로서는 반대할 이유가 없으니 네 소원대로 해도 좋다. 그런데 그 아이도 그런 의사를 가지고 있는지 모르겠구나. 그 애가 좋다고 하면 둘이 결혼을 해도 상관없다."

주인은 처녀를 불러 그녀의 의중을 헤아렸다.

"너는 이 젊은이와 결혼할 마음이 있느냐?"

"부모님께서 허락해주신다면……."

"축하할 일이다. 너희 둘은 모두 내가 아끼는 사람들이니 너희의 결혼 준비는 내게 맡기어라. 너희가 필요로 하는 것을 모두 내가 준비해주마. 너희는 정말 잘 어울리는 한 쌍이구나."

주인은 곧 아내와 의논하여 결혼식 준비를 시작했다. 드레스, 가구, 신랑 예복 등등 한 달 후에 모든 준비가 끝났으며, 주인 부부는 마치 친자식을 결혼시키듯 매우 기쁘게 두 남녀를 맺어주었다.

결혼식을 올려 부부가 된 두 사람은 더욱 열심히 일하며 행복하게 살았다. 씩씩하고 잘생긴 젊은이는 다름 아닌 하계의 왕 아스모데우스의 아들로, 자신의 신분을 숨기고 이 집의 하인으로 들어왔던 것이다. 그가 그렇게 한 이유가 있었다.

하계의 왕 아스모데우스가 죽자, 당연히 뒤를 이어야 할 왕자를 제쳐두고 모두 다른 자를 왕으로 추대했다. 이에 몹시 화가 난 젊은이는 모든 보물들을 봉인해버리고 이 세상으로 나와 신분을 감추고 하인으로 지냈던 것이다.

그런데 하계의 후계자도 왕위에 오른 직후 죽고 말았다. 하계의 대신들은 누구를 왕으로 추대할 것인가를 의논하다가, 이번에는 왕자인 젊은이를 왕으로 세우기로 결정을 보았다. 그들은 그 젊은이를 여러 방면으로 찾아보았지만 전혀 소식을 알 길이 없었다. 그러던 차에 그가 인간 세상으로 올라가 모처의 집에 살고 있다는 것을 알게 되었다. 하계의 대신들은 네 명의 사신을 선발하여 왕자를 뵙고 오라고 인간세상으로 보냈다.

하계에서 온 사신들은 왕자를 만나 아뢰었다.

"왕자님께서 이번에 왕의 후계자로 추대되셨습니다. 저희와 함께 돌아가셔서 저희를 다스려주십시오."

젊은이가 대답했다.

"나는 이곳에서 아내를 맞이하여 인간들처럼 가정을 이루게 되었다. 그러니 쉽게 너희를 따라나설 수가 없구나. 아내에게 이 사실을 밝히고 함께 가겠다고 한다면 더 이상 바랄 게 없지만, 함께 가기를 거절한다면 모세의 이스라엘의 율법에 따라 이혼을 하지 않으면 안 될 것이네. 내가 하계로 돌아가기 위해 아내를 버린다는 것은 결코 옳지 못한 행실 아닌가? 그래서 너희를 따라나서겠다는 대답을 쉽게 할 수 없는 것이다."

"옳은 말씀이십니다. 그 문제라면 깨끗하게 정리하실 시간을 드리겠습니다. 그러면 그 후에 다시 오겠습니다."

사신들은 왕자의 심정을 충분히 헤아리고는 물러갔다. 젊은이는 우선 주인에게 가 이 모든 사실을 밝혔다.

"주인님께 드릴 말씀이 있습니다. 실은 제가 그동안 주인님께 진실을 밝히지 않고 있었나이다. 저는 이 세상의 사람이 아니라 하계의 왕, 아스모데우스의 아들입니다. 부친이 돌아가신 뒤, 왕자인 저를 제쳐두고 다른 자를 왕위에 세웠습니다. 그리하여 화가 치민 저는 그곳을 떠나 이 집으로 왔습니다. 그리고 주인님의 하인으로 평생을 살려고 마음먹었지요. 그래서 결혼도 했고요. 그런데 얼마 전, 저를 왕위에 추대하겠다고 사신들이 왔습니다. 과거에 저를 반대했던 자들이 이번엔 의견을 모아 저에게 왕관을 씌울 것을 결정한 것이지요. 하지만 저는 우선 주인님께 허락을 구하고 아내에게 얘기하여 모든 것을 분명히 해두기 전에는 돌아갈 마음이 없습니다. 만일 아내가 저와 함께 가는 것에 동의한다면 왕비가 되어 저와 함께 여생을 살겠지만, 혹시 함께 가지 않겠다면 율법에 따라 이혼장을 건네주고 이혼계약서에 정한 대로 돈을 지불할 생각입니다."

젊은이의 이야기를 다 들은 주인은 젊은이의 아내를 불러 그녀의 남편이 조금 전에 했던 이야기를 모두 전했다. 그러자 젊은이의 아내는 한

참을 생각한 후 입을 열었다.

"저는 남편을 따라가겠습니다. 하지만 한 가지 조건이 있습니다. 저는 하계에서 만든 것은 아무것도 먹고 싶지 않습니다. 그러니 음식은 이곳에서 가져다주어야만 합니다. 그리고 저는 제 손으로 직접 만든 것만 먹겠습니다."

그 말을 듣고 젊은이는 말했다.

"당신이 그것을 원한다면 그렇게 하도록 해주겠소."

두 사람은 주인 내외의 손에 입을 맞추고 하직인사를 했다. 그렇게 아스모데우스의 아들은 아내와 함께 인간세상에서 영의 세계로 떠났다.

42

사랑과 증오

•

예루살렘 왕 헤로데스가 로마로 떠나게 되었을 때, 헤로데스 왕은 누이 슬라미트와 그녀의 남편 조셉, 그리고 에톨리아 사람 소에므스에게 왕비 마리안느에 관한 일을 은밀히 당부하였다. 그것은 만일 자신이 살아오지 못하면 아내 마리안느가 다른 남자의 아내가 되지 못하도록 죽이라는 것이었다. 그런데 그 이야기를 조셉이 그만 마리안느에게 누설하고 말았다. 마리안느는 그 말을 듣는 순간 깊은 슬픔에 빠졌다.

시간이 흘러, 마침내 헤로데스 왕이 로마에서 예루살렘으로 무사히 돌아오게 되었다. 왕은 왕비에게 로마에서 보고 왔던 장대하고 화려한 광경을 들려주었다. 그러나 왕비는 예전처럼 즐거워하지도 웃지도 않았다. 그뿐만 아니라 남편 앞에서 남편 쪽의 친척에 대한 악담을 퍼붓기를 예사로 하였다. 왕비를 무척 사랑하는 헤로데스 왕은 그런 아내의 태도에 가슴이 아팠다.

어느 날, 마리안느는 헤로데스의 누이 슬라미트와 심하게 말다툼을 하게 되었고, 그 와중에 마리안느는 슬라미트에게 크나큰 모욕을 주었다. 화가 머리끝까지 오른 슬라미트는 오빠인 왕에게 중상모략을 하였다.

"폐하께서만 알지 못하십니다. 폐하께서 로마에 가 계신 동안 제 남편 조셉과 마리안느가 정을 통했습니다."

마리안느가 정숙한 여자라는 것을 알고 있는 헤로데스 왕은 누이의 말을 믿지 않았다. 그럼에도 마리안느의 불손한 태도에 대해서만은 따져보아야겠다고 생각하고는 왕비를 불렀다.

"당신은 전과 많이 변했소. 당신은 왜 전과 같이 나를 사랑해주지 않는 거요? 왜 나를 미워하지? 나는 세상 그 어느 여자보다도 당신을 사랑하고 있소."

"그렇게 저를 사랑하신다니 할 말이 없군요. 하지만 사랑하는 사람을 죽이라고 한 것은 이해가 안 되는군요. 당신이 로마 아우구스투스 황제에게 떠나던 그날, 나를 죽이라고 조셉에게 명한 것을 알고 있습니다."

왕은 가슴이 철렁했다. 왕은 죄책감과 미안함을 가졌으나 짐짓 마리안느에게 거칠게 소리쳤다.

"분명해! 슬라미트의 말이 맞아! 당신이 그것을 알고 있는 것은 분명

조셉 그놈과 같이 놀아났기 때문이야!"

헤로데스 왕은 그 이후로 왕비를 가까이하지 않았다. 슬라미트는 헤로데스 왕이 자기 말을 믿었다는 것으로 알고는 왕의 시종을 몰래 불러 말했다.

"이 독을 왕에게 가져가 이렇게 말하여라. '왕비께서 이것을 폐하에게 갖다드리라고 하셨습니다. 이것은 사랑의 명약으로 폐하의 마음을 다시 왕비께 돌리기 위한 것이랍니다. 드시옵소서'라고……."

슬라미트는 심부름을 시킨 그 시종에게 많은 금은을 주었다.

시종은 헤로데스 왕에게로 가 슬라미트가 시키는 대로 했다. 시종의 말을 들은 왕은 잔을 받았다. 그러나 왕비에게서 마음이 멀어졌기에 왕은 그 약을 마실 생각이 들지 않았다. 헤로데스 왕은 사형수를 불러 그것을 마시도록 명하였다. 약을 마신 사형수는 얼굴이 파랗게 되더니 이내 죽었다.

헤로데스 왕은 왕비 마리안느와 누이의 남편 조셉, 그리고 소에므스를 당장 잡아오라고 시켰다. 그리고 시종도 잡아들여 그 독에 대한 진상을 낱낱이 털어놓도록 명했다.

"저는 아무것도 모릅니다. 왕비께서 대왕께 갖다드리라고 하여 시키는 대로 했을 뿐입니다. 다만, 얼마 전에 조셉에게서 어떠한 얘기를 들은 후부터 왕비께서 대왕님에 대해 증오심을 품고 있는 듯했사옵니다만……."

"이런 못된 것들이 있나!"

화가 머리끝까지 치민 왕은 조셉과 소에므스를 처형하라고 명하였다. 그리고 마리안느를 어떻게 할까 하다가 일흔 명의 장로로 하여금 그녀를 심판하도록 했다. 그 소식을 듣게 된 슬라미트는 후환이 두려워 왕 앞에 나아가 말했다.

"마리안느는 왜 그냥 두십니까? 재판을 하는 것도 좋지만, 행실이 좋지 않은 여자를 하루라도 더 살려두시면 백성들은 폐하에게 반기를 들 것입니다. 그리고 혹 마리안느를 지지하는 자들이 불순한 일을 벌일지도 모릅니다. 괜한 문제를 만들지 마시고 이 기회에 모두 처형하십시오."

이미 마음이 흔들리기 시작한 헤로데스 왕은 누이의 의견을 듣자 그것이 좋겠다는 생각이 들었다.

"왕비 마리안느도 같이 끌고 가 처형하라!"

한때 너무나 사랑하던 왕비였으나 헤로데스 왕은 그녀에게 사형을 선고해버렸다. 마침내 마리안느는 교회에 있는 사형장으로 끌려갔다.

그녀가 막 형장에 이를 무렵, 군중은 마리안느의 행동거지를 욕하기 시작했다.

"빨리 죽이시오! 지아비를 배반한 년은 저런 꼴을 당하는 게 마땅하오."

어떤 여인의 욕지거리가 있자 그 뒤를 이어 다른 여인들도 마리안느를 욕하기 시작했다. 정확한 내용을 모르는 그들은 마리안느를 그저 질 나쁜 여자쯤으로 생각한 것이다.

수많은 사람의 욕설을 들으면서도 마리안느는 얼굴 표정 하나 변하지 않고 처형대를 향해 걸었다. 공포도 불안도 없이 당당하게 죽음을 향해 가는 그녀의 모습은 많은 백성에게 왕족으로서의 고귀한 기품을 유감없이 보여주었다. 그녀는 조용하고 아름다운 모습으로 조금의 흔들림도 없이 칼날에 머리를 내밀어 죽음을 맞이했다.

사실, 마리안느는 미모와 품위 그리고 신에 대한 공경심도 남에게 뒤지지 않는 고고한 성품의 여자였다. 다만, 그녀에게는 겸양의 미덕이 부족했기 때문에 부당한 일을 당했을 때 남편을 저주했던 것이다.

하느님은 죄 없는 마리안느를 사형시킨 것에 대한 벌로 왕실 사람들에게 나쁜 질병을 내렸다. 하느님의 벌을 받은 헤로데스 왕가는 왕의 시종, 병사 할 것 없이 수많은 사람이 생명을 잃었으며, 거기에서 그치지 않고 유대의 도시 대부분에 몹쓸 질병이 퍼졌다.

지독한 병마로 인해 수많은 고통을 맛보게 된 왕은 예언가를 불러 불행이 유대 나라를 휩쓸게 된 이유를 물었다. 그러자 예언가는 마리안느의 억울한 죽음이 그 원인이라고 말했다. 헤로데스 왕은 하느님께 기도를 올렸다.

"하느님이시여, 한 여인의 원혼 때문에 당신의 백성들이 얼마나 더 죽음을 맞이해야 합니까? 저도 지금은 아내를 죽인 것을 후회하고 있사오니 부디 노여움을 푸십시오."

헤로데스 왕의 간절한 기도를 들은 하느님은 그의 기도를 받아들여 그토록 극성이던 질병을 그치게 했다.

마리안느의 억울함을 뒤늦게 알게 된 왕은 그녀를 죽인 것을 가슴 깊이 후회했다. 그녀에 대한 노여움은 사모하는 마음으로 바뀌었고, 그 사모함은 날마다 커져 마음의 병이 되었다.

그는 마치 아내가 곁에 있는 것처럼 그녀의 자리를 자신의 옆에 만들게 하고, 그녀를 위해 음식을 차리도록 하고, 가끔 그녀의 이름도 다정스럽게 불렀다. 그러기를 한참, 마침내 그는 깊은 병에 걸려 세상을 떠났다.

43

신과의 동침

•

로마의 어느 마을에 파울리나라는 착하고 빼어난 미모의 여인이 있었다. 그녀의 미모는 보는 사람으로 하여금 넋을 잃게 했다. 많은 남자가 그녀와 가깝게 지내길 소원하였으나 그녀는 이미 결혼하였다. 뭇 남성의 선망의 시선과 유혹을 받으면서도 그녀는 몹시 정숙하여 깨끗이 몸을 지켰다.

그러던 어느 날, 그 나라 티베리우스 황제의 기병대장 문두스라는 젊은이가 기도를 드리러 신전으로 가고 있는 그녀를 보게 되었다. 아주 잠깐 동안이었으나 그녀의 아름다움에 넋을 잃은 문두스는 그 순간부터 그녀를 사모하기 시작했다. 그녀가 너무도 탐이 난 그는 그녀의 주위 사람을 통해 자신의 뜻을 전했다.

"문두스 기병대장께서 한 번만 같이 밤을 새워준다면 이만 냥을 드리겠다고 하셨습니다."

문두스의 무례한 제안을 들은 파울리나는 이 사실을 남편에게 고해 바쳤다.

문두스는 아무리 많은 돈도 그녀에게는 통하지 않는다는 것을 알고는 로마의 신전을 지키고 있는 사제를 찾아갔다. 그 당시 신전에는 오실리스와 아누비스라는 두 신의 상을 모시고 있었는데, 둘 중 아누비스 신이 더 숭배를 받고 있었다. 사제를 찾아간 문두스는 돈 1만 냥을 사제에게 쥐어주며 말했다.

"듣자하니, 파울리나는 신앙심이 깊다고 하더이다. 그녀를 이 신전에 오도록 해주십시오. 만약 사제께서 그녀를 부르면 그녀는 아무 의심 없이 이곳으로 올 것입니다."

문두스의 부탁을 받은 사제는 그녀에게 가서 말했다.

"위대한 아누비스께서 내게 오시어 이렇게 고하였소. '파울리나로 하여금 나의 신전으로 오도록 만들어라. 제단 앞에 와 있으면 내가 밤이 되어 그녀에게 가르침을 내릴 것이다. 나는 그녀를 나의 말을 전하는 예언자로 삼을 작정이다'라고 말이오."

이 말을 들은 파울리나는 더없이 기뻐하며 곧바로 남편에게 가 사제의 말을 전하였다. 아내의 말을 들은 남편은 사제의 말을 따르라고 아내에게 얘기했다.

"신의 부르심을 감히 누가 거역한단 말이오."

날이 저물자, 파울리나는 혼자 신전으로 향했다. 신전에 소속된 시녀들은 신전 앞에 침소를 마련하고는 그녀로 하여금 침소에 들도록 했다. 그녀가 그 말에 따르자 시녀들은 주위를 정리하고는 모두 물러갔다. 그러자 제단 뒤쪽에 숨어 있던 문두스가 아누비스 신의 모습으로 변장을 하고 그녀가 누워 있는 이불 속으로 기어 들어갔다. 그리고 파울리나의 몸을 끌어안고는 격렬하게 애무하기 시작했다. 깜짝 놀란 파울리나가 물었다.

"당신은 누구인데 이렇게 무례합니까?"

"나는 아누비스 신이다. 그대가 너무나 사랑스러워 오늘 밤 그대를 찾아왔도다."

"거짓말 마세요. 만일 당신이 진짜 신이라면 이렇게 행동하지 않으실 것입니다. 신이 어떻게 일개 아녀자에게 이런 흑심을 품는단 말입니까?"

"여자 신자와 잠을 자는 것이 왜 불가하다는 것인가? 때로는 신도 여자 신자와 몸을 나눌 수 있지. 일찍이 그대처럼 아름다운 여자가 신과 몸을 나누어 신의 씨앗을 잉태한 경우는 얼마든지 많았다. 주피터도 그리하여 태어난 것 아니냐?"

아누비스 신의 설득에 파울리나는 이윽고 신께 속삭였다.

"신께서 사랑해주신다면 저는 이 몸을 기꺼이 바치겠나이다."

그리하여 아누비스 신과 파울리나는 동침했다. 다음 날, 해가 밝자 파울리나는 기쁨에 넘쳐 집으로 돌아왔다. 그러고는 신전에서 일어났던 일을 낱낱이 남편에게 이야기했다.

"우리는 신에게 선택된 거야. 당신이 신과 몸을 나누다니, 참으로 기쁜 일이오."

남편은 아내에게 있었던 일에 대해 진심으로 기뻐했다. 그리고 다른 여인들도 파울리나의 행운을 부러워했다.

며칠 후 문두스는 파울리나를 찾아갔다.

"당신이 아누비스 신께 몸을 받쳤다는 이야기를 들었소. 참으로 축하할 일이구려. 당신은 내 요구는 거절하면서 신의 요구는 거절하지 않았소. 무엇 때문이오? 나는 당신을 품고 싶다고 신께 기도했고, 신은 그 기도를 들어주셨소. 당신이 내게 주지 않던 것을 신께서는 베풀어주셨지. 아누비스 신은 당신을 신전에 불러들여 당신의 몸에 나의 욕망을 불태우게 하셨소. 당신은 내 뜻을 보기 좋게 거절했고, 내가 제안한 이만 냥도 거들떠보지도 않더군. 그러나 신은 한 푼도 받지 않고 나의 소원을 들어주셨던 거요. 나의 이름이 문두스였을 때 당신은 나를 거절했지만, 아누비스로 이름을 바꾸니 당신은 순순히 응해주더군. 파울리나, 당신은 이미 나와 몸을 합쳤소. 당신은 신의 요구를 거절하지 않았으니 마찬가지로 인간의 요구도 거절해서는 안 된다고 생각하오. 자, 어떻게 하겠소? 잘 생각하여 이제부터라도 나의 여인이 되어주는 것이……."

아누비스 신이 사실은 문두스였다는 사실을 알게 된 파울리나는 큰 충격을 받았다. 그리고 곧 깊은 수치심과 슬픔에 빠져 어찌할 바를 몰라 했다. 그녀는 남편에게 가 모든 사실을 고백했다. 남편 역시 고통스러워했다.

"하지만 어쩌겠소? 이미 지난 일이고, 그 신전에 가라고 내가 허락한 것을……."

이 불행한 이야기는 입에 입을 건너 황제 티베리우스의 귀에까지 들어갔다. 황제는 이런 불상사가 앞으로 다시는 일어나선 안 되겠다고 생각했다.

"신의 이름을 빌어 욕정을 채운 문두스를 멀리 추방해버려라. 그리고 그의 본분을 잃어버리고 금전의 노예가 되어 정숙한 여인을 악의 구렁텅이로 끌어들인 그 사제들은 사형에 처하도록 하라."

우선 이렇게 사건을 매듭지은 황제는 신전을 허물어버리고 신상마저 티베리아 강에 떠내려 보냈다.

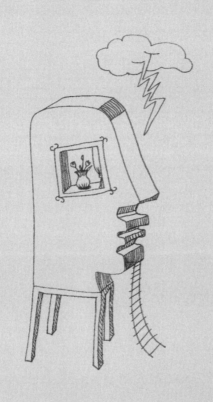

44

결혼 약속의 대가

•

어느 마을에 결혼한 지 오래된 부부가 살고 있었다. 그 부부는 그동안 아들 여섯을 낳았으나 하나같이 태어난 지 일주일 만에 죽어버렸다.

아내가 또 일곱 번째 아들을 낳았다. 남편은 그 아기의 생명마저도 염려스러웠다. 그래서 안절부절못하고 있는데, 이를 걱정해주던 친구 하나가 저 멀리 숲 속에 훌륭한 현자가 살고 있으니 한번 찾아가보라고 일러주었다.

친구의 말에 그는 곧장 그 숲으로 달려갔다. 그는 숲 속에서 현자가 있을 만한 곳을 찾아다녔다. 다행히 그는 아주 깊은 산속에서 현자라고 짐작되는 사람을 만날 수 있었다. 그는 급히 뛰어가 현자 앞에 엎드리며 호소했다.

"제 몸에 악마가 붙었는지 낳는 아기마다 일주일을 넘기지 못하고 죽습니다. 이제 제 아내가 또 한 아기를 낳았는데 걱정이 되어 죽을 지경입니다."

그 말을 들은 현자는 그를 바라보고 있다가 물었다.

"혹시 당신은 젊은 시절에 다른 여자와 결혼을 약속한 적이 없었소?"

"결코 그런 일은 없었습니다."

"잘 생각해보시오. 그냥 무심코 했을지도 모르니……."

그는 과거의 기억을 더듬어보기 시작했다. 그러다가 문득 어느 해 여름 냇가에서 있었던 일이 떠올랐다.

그날은 날이 너무 더워서 냇가에서 목욕을 하고 있었다. 물가 주위에는 잡초가 무성하게 자라고 있었는데, 그는 장난삼아 끼고 있던 반지를 빼어 잡초에 끼운 뒤 말했다.

"모세와 이스라엘의 율법을 쫓아 결혼을 약속하노라."

그 말이 끝나자마자 반지가 한순간 사라졌다.

세월이 많이 흘러 그는 그때 일을 까맣게 잊고 있었던 것이다. 그는 현자에게 그때의 일을 얘기했다. 그러자 현자는 고개를 끄덕였다.

"그때 그 잡초 속에 물의 요정이 숨어 있었던 거요. 당신은 반지를 끼위줌으로써 그 요정과 결혼을 약속하게 된 것이오. 이제 그 요정이 그대의 아이들에게 복수를 하는 거요."

"그러나 저는 그냥 장난으로 했던 것입니다. 절대로 진심이 아니었는데요."

"하지만 물의 요정에게는 그것이 진실로 받아들여진 모양이오."

"현자님, 저의 아들을 구하고 싶습니다. 무슨 방법이 없을까요? 부디 현자님의 고매한 지혜를 제게 베풀어주십시오."

"집으로 돌아가 이혼장을 쓰시오. 그리고 그것을 물의 요정이 살고 있는 냇가로 가지고 가 물속에 던지시오. 던지면서 큰 소리로 세 번 '현자의 명령이다. 이 편지를 받으라'고 외치시오."

그는 현자가 시키는 대로 했다. 이혼장을 물속에 던지고 현자가 일러준 문구를 외치자, 물속에서 손이 나와 그 편지를 움켜잡았다.

사내는 조마조마한 마음으로 집으로 돌아왔다. 과연 아기는 무사히 살아 있었다. 그는 일곱 번째 아들의 건강을 기원하는 의식을 치르고 지혜를 가르쳐준 현자에게 감사를 드렸다.

46

우물가의 언약

•

젊은 여인이 여행을 끝내고 집으로 돌아가고 있었다. 값비싼 보석으로 몸을 치장한 여인은 얼굴 또한 무척 아름다웠다. 그런 여인은 불행히도 길을 잃어 고생을 하게 되었다.

햇볕이 내리쬐는 한낮, 목이 타기 시작한 그녀는 갈증이 났다. 그때 멀지 않은 곳에 우물이 보였다. 기운을 차려 여인은 그곳까지 달려갔지만, 곧 실망할 수밖에 없었다. 왜냐하면 그 우물엔 두레박이 없어서 물을 떠 먹을 수가 없었기 때문이다.

너무나 목이 마른 그녀는 하는 수 없이 간신히 우물 속으로 내려가 물을 마셨다. 그렇게 그녀는 가까스로 원기를 회복했다. 이제 문제는 올라가는 일이었다. 그녀는 물을 실컷 마시고 다시 땅 위로 올라가려 했으나 도저히 밖으로 나올 방법이 없었다. 그녀는 절망하여 울기 시작했다.

때마침, 잘생긴 젊은이가 우물곁을 지나다가 그녀의 울음소리를 듣게 되었다. 우물 속을 들여다보고 웬 여인이 있는 것을 발견한 젊은이는 그 여자의 정체가 의심스러워 물었다.

"너는 인간이냐, 귀신이냐?"

"저는 인간입니다."

"아니, 인간일 리가 없다. 아마도 너는 귀신인 모양이다. 나를 속이진 못할걸?"

"믿어주십시오. 저는 인간입니다. 맹세합니다."

그녀의 맹세에 젊은이는 우물 속 여인의 말을 어느 정도 믿게 되었다. 그러나 아무래도 의심이 완전히 가시지 않아 다시 물었다.

"당신이 사람이라면 왜 그런 곳에 들어가 울고 있는 것이오?"

"물을 마시고 싶은데 두레박이 없어서 그만 이곳으로 서둘러 내려왔지 뭡니까. 그런데 다시 올라가려고 하니⋯⋯."

여인의 아름다운 모습과 다소곳한 태도에 믿음이 간 젊은이는 밧줄을 구해 우물 속으로 넣어주었다. 그리고 그녀를 구해주는 대신 몸을 바치겠냐고 물었다.

"네. 그렇게 하겠습니다."

젊은이의 요구를 받아들이겠다고 하자, 그는 밧줄을 끌어올려 여인을 구해주었다. 그녀가 우물 밖으로 나오자 젊은이는 여인을 끌어안고 몸을 빼앗으려 했다. 그녀는 그런 그를 밀치며 말했다.

"저를 구해주셔서 감사합니다. 우선 하나 묻겠습니다. 댁은 어떤 분입니까?"

"나는 이스라엘 사람으로 제사장 집안의 사람이오."

"저는 귀족 집안의 여식입니다. 그렇다면 댁도 이름 있는 집안의 자손인 듯하군요. 그런 분이 결혼 서약도, 결혼식도 없이 짐승들이나 하는 그런 짓을 하려 드시다니 신을 모시는 사람으로서 부끄럽지 않습니까? 부디 저의 부모님께 찾아오셔서 허락받으십시오. 당신이 그렇게 한다면 당신과 결혼하겠습니다."

여인의 조리 있는 말에 젊은이는 자신의 잘못된 행동을 뉘우쳤다. 이윽고 두 사람은 장래를 약속했다.

"우리 약속에 누구를 증인으로 세우지요?"

때마침, 족제비 한 마리가 두 사람 옆을 지나갔다. 그것을 본 젊은이가 말했다.

"족제비와 우물을 우리 약속의 증인으로 하지요."

가까운 날에 젊은이가 처녀의 집을 찾기로 하고 두 사람은 서로 각자의 길을 떠났다.

집으로 무사히 돌아온 그녀는 우물가에서 한 약속을 충실히 지켜 청혼을 해오는 남자들을 모두 물리쳤다. 그들 중에는 집요하게 매달리는 남자도 있었다. 그런 남자는 결혼을 거절하면 죽어버리겠다고 우겨 그녀를 몹시 귀찮고 힘들게 했다. 마침내 그녀는 청혼자들 앞에서 미치광이 흉내를 내게 되었다. 자기가 입고 있는 옷은 물론이고 옆에 다가오는 자의 옷까지 갈기갈기 찢으며 발광했다.

그녀가 평소엔 얌전하다가도 청혼하러 오는 남자만 있으면 미친 사람처럼 행동했기 때문에 점점 그녀를 아내로 맞겠다는 사람이 줄어갔다. 그녀는 부모의 근심에도 아랑곳하지 않고 우물가에서 만난 사람과의 약속을 지키려고 청혼하러 올 것만을 기다리며 살았다.

그러나 남자 쪽은 달랐다. 여인과 굳은 약속을 했음에도 불구하고, 그는 고향에 돌아가자 곧 다른 여자와 결혼했다. 그의 아내는 곧 임신하여 사내 아기를 낳았다. 그러나 아기가 석 달쯤 된 어느 날, 어디선가 나타난 족제비가 아기의 목을 물어 죽였다.

부부는 매우 슬픔에 젖었으나 이내 털어버리고 다시 아기를 가졌다. 아내가 두 번째 사내 아기를 낳은 지 얼마 안 된 어느 날, 아기가 아장아장 걷기 시작할 무렵이었다. 아기는 우물에 비친 자기 모습을 내려다보다가 그만 우물에 빠져 목숨을 잃었다.

깊은 슬픔에 빠진 아내는 남편에게 물었다.

"다른 아기들처럼 병이 들어 죽는다거나, 어디를 다쳐서 죽는다거나 했다면 할 수 없는 일이라고 체념하겠어요. 하지만 우리 아기는 둘 다 기이하게 죽었어요. 여기에는 분명 어떤 이유가 있을 것 같아요. 혹시 당신은 그 연유를 알고 있나요?"

아내는 남편에게 계속 물었다. 족제비와 우물 얘기에서 남편은 지난날의 일을 기억해냈다. 그리고 일찍이 자신에게 일어났던 일을 털어놓았다. 그러자 아내가 말했다.

"당신이 그런 약속을 지키지 않기 때문에 족제비와 우물이 애들을 죽게 만들었던 거군요. 당신은 지금이라도 그분에게 돌아가는 게 옳을 듯합니다."

젊은이는 아내의 권고대로 과거에 결혼을 약속했던 여인이 사는 마을로 갔다. 그는 그녀에 관한 소식을 물었다. 그의 질문을 받은 동네 사람들은 혀부터 끌끌 찼다.

"가엾게도 그 여자는 제정신이 아니라오. 남자들이 결혼을 청하러 가면 옷을 찢고 물건을 던지고 완전히 미치광이가 된다오. 전에는 참 단정한 아가씨였는데……."

그때의 아름답던 아가씨가 미치광이가 되었다는 소식을 들은 젊은이는 실망했다. 그러나 그는 일단 여자의 집으로 가 그녀의 아버지를 만났다. 아버지는 자기 딸과 결혼하겠다는 젊은이를 보자 한숨을 내쉬며 말했다.

"내 딸은 정상이 아니네."

"설령 그보다 더한 미치광이라도 저는 따님을 아내로 맞고 싶습니다."

아버지는 결혼에 필요한 증인을 불렀다. 그러고는 딸을 데려다가 결혼식을 올리라고 했다.

이윽고 젊은이가 그녀의 곁으로 다가서자 그녀는 소문대로 미친 사람처럼 행동했다. 젊은이는 그녀에게로 다가가 귓가에 대고 나지막하게 속삭였다.

"족제비와 우물이 우리의 증인이오."

그 말을 듣는 순간, 그녀의 표정은 금세 밝아지며 미치광이 짓을 그만두었다. 그러자 그녀 본래의 아름다움이 드러났다. 그녀는 오랜 기다림 끝에 그를 마주하고는 울먹이며 말했다.

"저는 당신과의 약속을 단 하루도 잊은 적이 없습니다."

두 사람은 많은 사람의 축복을 받으며 결혼했다. 그리고 많은 자녀를 거느리며 부유하고 행복하게 살았다.

46

왕과 화병

•

왕이 아름답게 세공된 유리 화병을 선물로 받았다. 화병은 매우 섬세하고 우아하여 보면 볼수록 마음을 사로잡는 그런 물건이었다. 선물에 만족한 왕은 그것들을 선사한 사람에게 많은 하사품을 내렸다.

선물을 바친 사람이 돌아가고 얼마 지나지 않아, 왕은 갑자기 화병을 바닥에 던졌다. 아름답기 이를 데 없는 화병은 당연히 산산조각이 나버렸다. 갑작스런 왕의 태도에 놀란 신하들이 그 이유를 물었다.

"가끔 나는 성질이 몹시 격해지오. 이 화병이 아름답기는 하나 깨지기 쉬운 물건이오. 어쩌다 시종 중 누구 하나가 실수로 이 화병을 깨뜨리는 일이 생길 수도 있소. 그런 일이 생기면 어떻게 되겠소? 보나마나 화가 나서 그 시종을 잡아 죽이라고 명하겠지. 이까짓 화병 하나 때문에 충직

한 시종을 죽이고 마는 그런 일이 일어날 바에는 차라리 내 손으로 깨버리는 게 낫지 않겠소?"

PART 5

•

선행과 자비

자선을 행하지 않는 인간은 아무리 부자일지라도 맛있는 요리가 즐비한 식탁에 소금이 없는 것과 같다.

47

솔로몬의 탄생

●

어느 마을에 살로몬이라는 상인이 살고 있었다. 그에게는 디혼이라는 아들이 있었는데, 일찍 결혼을 시켜서 많은 손자와 손녀를 보았다.

자손들과 평화롭게 살던 어느 날, 살로몬은 드디어 죽음을 맞이하게 되었다. 그는 고을의 장로들을 불러놓고 유언을 했다.

"제가 죽으면, 저의 아내에게는 결혼계약서에 따라 그 금액을 주십시오. 그리고 그 나머지 재산은 모두 아들에게 물려주겠습니다. 단, 조건이 있습니다. 제가 지금부터 아들에게 당부하는 말을 아들이 지키지 않는다면, 전 재산을 하늘에 바치고 아들에게는 아무것도 주지 않을 생각입니다."

그다음, 아버지는 아들을 불러 장로들 앞에서 유언을 했다.

"너도 알다시피 나는 바다를 여행하면서 많은 돈을 벌었지만 바다에 나갔을 때 생명을 위협하는 수많은 위험 상황을 경험해야 했다. 그런 까닭에 나는 네가 바다에 나가는 것을 막고 싶다. 너에게는 막대한 재산을 남겨두었으며, 그 정도라면 아마 네가 굳이 돈벌이에 신경 쓰지 않아도 자식들과 편히 살 수 있을 것이다. 아들아, 바다에 나가지 않겠다고 나와 약속할 수 있겠느냐?"

디혼은 아버지에게 약속을 꼭 지키겠다고 맹세했다. 곧 아버지는 저 세상으로 떠나 영원한 안식을 찾았고, 디혼은 가족들과 단란하게 살며 아버지의 유언을 받들어 모셨다.

그 뒤 1년쯤 지난 어느 날, 마을 항구에 금은보배를 가득 실은 배가 들어왔다. 그 배의 선원들은 육지에 상륙한 뒤 살로몬의 집을 물어서 찾아왔다. 디혼의 집에 도착한 선원들은 디혼에게 정중히 인사한 후 살로몬의 안부를 물었다.

"살로몬 어른께선 안녕하신가요? 이렇게 점잖으신 아드님을 뵙게 되니 반갑습니다."

"제 아버님을 아시는군요. 제 아버님은 일 년 전에 별세하셨습니다."

"아, 그러셨군요. 그렇다면 혹시 부친께서 바다 저 멀리에 남겨놓은 재산을 어떻게 처분하라는 말씀은 하지 않으셨는지요?"

"아버님은 그런 말씀을 전혀 없으셨고, 단지 제게 배를 절대로 타지 말라는 유언만 남기셨습니다."

"거, 이상한 일이군요. 바다 건너 먼 이국땅에 남겨둔 수많은 재산에 대해 아무런 말씀도 하지 않으셨다니…… 미처 기억이 나지 않으셨나 봅니다. 사실 저희는 전에 살로몬 어른께서 맡겨두신 금은보화를 가득 싣고 왔습니다. 그것은 모두 살로몬 어른의 재산입니다. 그 재물에 대해 미리 이야기한 바가 없었다면 굳이 아드님께 양도하지 않아도 될 듯하지만, 저희는 원래 정직한 사람들로 재물 따위를 속이거나 하지는 않습니다. 자, 이제 하인들을 시켜 배 안에 있는 재물을 가져가십시오. 그것들은 이제 당신의 소유가 될 것입니다."

디혼은 기뻐하며 하인들을 시켜 배에 실린 보물을 날라 오도록 했다. 그러고는 선원 모두를 초대하여 잘 대접하였다. 선원들은 디혼의 집에서 며칠 즐겁게 지낸 후, 길 떠날 채비를 하면서 디혼에게 제안 하나를 했다.

"저희는 돌아가신 살로몬 어른을 매우 현명하고 지혜로운 분이라고 여기고 있습니다. 하지만 아드님에게 배를 타지 말라고 유언을 남기실 때는 이미 목숨이 경각에 달렸던 무렵이라 평소처럼 맑은 정신 상태가 아니었을 것입니다. 그래서 아드님께 그런 맹세를 시키신 듯합니다. 그렇기에 드리는 말씀인데, 바다로 나가 큰 장사를 해보는 것은 어떻습니까? 마을의 장로들께 허락을 얻어서 저희와 함께 떠나봅시다. 저희는 이 나라에서 비싸게 팔 수 있는 물건들을 사드리겠습니다. 그런 물건을 배 가득 싣고 와서 판다면 많은 돈을 벌 수 있을 겁니다."

그러나 디혼은 고개를 가로저으며 말했다.

"저는 아버님께 절대 배를 타지 않겠다고 약속했습니다. 그 약속을 어길 생각은 없습니다."

"부친께서는 아드님의 안전을 생각하여 배를 타는 것을 금지시켰던 것입니다. 하지만 장사꾼의 아들인 당신이 장사를 하지 않고 무엇을 하겠습니까? 이곳저곳을 돌아다니며 구경도 해보시지요."

선원들은 살로몬의 아들이 생각을 바꾸어 함께 가겠다고 동의할 때까지 끊임없이 설득하였다. 굳은 결심이 흔들리기 시작한 디혼은 마침내 바다에 나가보기로 결정하고 배에 올랐다.

배가 닻을 올리고 항해한 지 며칠 후, 배는 섬 하나 없는 망망대해에 이르렀다. 그런데 갑자기 거센 풍랑이 일어 디혼이 탄 배는 산산조각이 나고 선원들은 모두 바닷물 속에 빠져 죽어버렸다.

하느님은 바다의 신에게 디혼만은 살려두라고 명했다. 디혼이 깨어났을 때 그는 어느 외딴섬의 모래사장에 누워 있었다. 놀란 디혼은 주위를 살펴보았다. 그러나 그 섬에는 사람이라고는 아무도 없었고, 눈앞에는 그저 한없이 펼쳐진 바다만이 있을 뿐이었다. 옷이 다 찢긴 채로 멍하니 앉아 있던 디혼은 뒤늦게 자신이 아버님과의 맹세를 어겨 벌을 받았다는 것을 깨달았다.

그는 사람을 찾아볼 생각으로 그 섬을 살피기 시작했다. 꼬박 하루를 걸었을 때 아주 커다란 나무 한 그루가 눈에 띄었다. 마침 해도 뉘엿뉘엿 기울고 찬바람이 불기 시작했다. 그는 나뭇잎을 뜯어 먹으며 허기를 달랬다. 그리고 나뭇가지를 둘러쳐 차가운 밤바람을 막았다.

디혼이 추위와 배고픔에 지쳐 꾸벅꾸벅 졸고 있는데 어디선가 사자의 울부짖는 소리가 들렸다. 잠이 확 달아난 디혼은 '사자가 인간 냄새를 맡고 잡아먹으러 오는가 보다' 하고 생각하여 얼른 커다란 나무 위로 기어 올라가 몸을 숨겼다. 어슬렁어슬렁 냄새를 맡고 온 사자는 나무 위의 디혼을 발견하지 못하고 돌아갔다. 사자의 위험에서 벗어난 후에도 디혼은 오랫동안 나무 위에 앉아 있었다.

그런데 갑자기 집채만 한 독수리가 자신을 향해 날아오는 게 눈에 띄었다. 놀란 디혼은 도망칠까 생각하다가 생각을 바꾸고, 독수리에게 덤벼들어 말을 타듯이 올라탔다. 독수리는 디혼을 등에 태운 채로 날갯짓을 시작했다.

아침이 밝았을 때, 독수리 등에 탄 디혼은 바다 위를 날고 있었다. 망망대해를 내려다보기조차 겁이 난 디혼은 독수리 등에 더욱 꼭 매달렸다. 얼마나 지났을까, 독수리가 점점 낮게 날기 시작했을 때는 바다를 건너 세상의 끝에 있는 어떤 나라에 도착할 즈음이었다.

해질 무렵, 독수리가 날고 있는데 어디선가 성경을 읽고 있는 남자의 목소리가 낭랑히 들려왔다.

'이 나라에는 유대인이 살고 있는 게 분명해. 이곳에 내리면 나를 친절하게 맞아주겠지. 어쩌면 그 사람들 밑에서 종살이라도 할 수 있을지 몰라.'

디혼은 독수리가 회당 앞을 지나칠 때 사뿐히 내렸다. 땅에 두 발이 닿자 잊고 있었던 배고픔이 밀려왔다. 간신히 기운을 차려 회당 앞에 이르렀으나 문은 잠겨 있었다.

"문 좀 열어주십시오."

그때 안에서 한 소년이 나왔다.

"누구십니까?"

"나는 유대 사람으로 하느님을 섬기고 있습니다."

소년은 디혼의 말을 사제에게 고하였고, 사제는 안으로 그를 불러들였다. 그는 기진맥진한 채로 사제에게 그동안 자신이 겪었던 이야기를 모두 털어놓았다. 이윽고 사제가 입을 열었다.

"당신이 그동안 겪은 일들은 딱하기는 합니다. 그러나 이곳에서 받을 고통에 비교하면 아무것도 아닐 겁니다. 이곳은 사람이 사는 곳이 아니라 정령들이 사는 마을이랍니다."

사제의 말에 놀란 디혼은 사제의 발밑에 엎드려 울먹이며 애원했다.

"그럼 전 어떻게 해야 이 고을에서 생명을 부지할 수 있을까요? 제발 가르쳐주십시오."

그의 간절한 애원에 측은함을 느낀 사제는 우선 자기 집에 디혼을 데려가 음식을 주며 기운을 차리도록 했다. 그날 밤은 사제의 집에서 묵었다.

이른 아침 사제는 디혼을 데리고 회당으로 갔다.

"이제 잠시 후면 정령들이 올 것이오. 내가 당신의 일을 이야기할 때까지 아무 말도 해서는 안 된다는 것을 명심하시오."

그 말이 끝나자마자 천둥이 울리고 번개가 쳤다. 곧 한 무리의 정령들이 회당으로 들어섰다. 디혼은 공포감에 정신을 잃을 것만 같았다. 정령들은 곧 소리 내어 아침 기도를 드리기 시작했다. 그런데 이내 사제 옆에 서 있던 정령이 작은 소리로 중얼거렸다.

"이상하군. 회당 안에서 인간 냄새가 나는 것 같아."

그 정령의 중얼거림은 곧 회당 안에 모인 정령들 사이에 퍼졌다. 사제는 정령들이 부르는 성사가 끝나기를 기다렸다가 말을 꺼냈다.

"내가 할 말이 있으니 잠깐 성가를 멈추어라."

"무슨 말인지 해보십시오."

"너희에게 부탁할 것이 있노라. 이 회당 안에 인간이 한 명 들어와 있는데, 이 인간에게 해를 입히지 말기를 바란다. 나에게 보호를 요청한 사람이다."

"왜 인간이 우리 속에 있습니까? 도대체 그는 어떻게 여기에 오게 되었습니까?"

사제는 디혼이 겪은 이야기를 모두 해주었다. 정령들이 말했다.

"아버지의 유언을 무시하고 맹세를 가벼이 여기는 자를 무엇 때문에 살려둡니까? 그자는 죽어야 마땅합니다."

"이 사람은 그동안 너무나 많은 불행을 경험했고, 지금은 충분히 자기 잘못을 뉘우치고 있다. 더구나 성서도 익히 알고 있으니 살려주는 것이 옳지 않겠는가. 죽임을 당해야 할 사람이라면 하느님께서 거친 바다와 사자 그리고 독수리로부터 구해주셨을 리가 없지 않은가."

사제는 계속 말을 이었다.

"그리고 이 사람을 재판도 없이 죽인다는 것은 옳지 않다. 그러므로 너희는 내가 시키는 대로 하는 게 좋을 것이다. 이제 오늘의 기도가 끝날 때까지는 어느 누구도 이 사람에게 손을 대어서는 안 된다. 그리고 기도가 끝난 후에 이 사람을 아스모데우스 왕에게 끌고 가 살릴 것인지 죽일 것인지 재판을 받도록 하라."

정령들은 사제의 말을 따르기로 했다. 기도가 끝나자 그들은 아스모데우스 앞으로 나아갔다.

"대왕님, 이 인간이 우리 속에 침입해 있는 것을 찾아냈습니다. 이 사람의 이야기는 이러합니다. 대왕님이 내리시는 결정에 따르겠습니다."

아스모데우스는 디혼에게 모세의 십계명을 말해보라고 시켰다. 그 외에도 몇 가지를 시험을 해보았는데 디혼은 무엇이든지 척척 대답을 했다.

"참 똑똑하구나. 나의 아들에게 네가 알고 있는 지혜를 가르쳐준다고 약속하면, 너를 자유의 몸으로 놓아주겠다."

"대왕님의 명령을 따르겠나이다."

아스모데우스는 디혼을 자기 궁전으로 데리고 가 아들의 선생으로 삼았다. 목숨을 부지하게 된 디혼은 아스모데우스의 아들을 교육시키는 데 심혈을 기울였다. 그 무렵, 아스모데우스에게 반기를 들어 대항하는 나라가 있어 아스모데우스는 그 나라를 제압하기 위해 출정하게 되었다.

대왕은 궁전을 비울 동안 궁전의 관리를 디혼에게 맡겨야겠다고 생각했다. 그리하여 보물이 가득 찬 방의 열쇠를 디혼에게 넘겨주었고 궁전의 하인들에게 디혼의 명령을 따라야 한다고 엄하게 일러놓았다. 대왕은 보물 창고를 일일이 열어 보여주었는데, 어느 방 앞에 이르러서는 문을 열어 안을 구경시키는 대신 디혼에게 다짐을 받았다.

"그대는 어디든지 자유로이 다녀도 좋다. 하지만 이 방만은 들어가서는 안 된다. 명심하라."

대왕은 그 방의 열쇠만은 자신이 갖고 디혼에게 넘겨주지 않았다.

왕이 출정을 하고 며칠 후, 디혼이 아무 생각 없이 궁전을 거닐다가 그 방 앞에 이르게 되었다. 호기심이 발동한 그는 그 방 안에 무엇이 있을까 궁금해져서 방 앞으로 가까이 가 문에 귀를 갖다 대었다. 그때 돌연 방문이 열렸다. 방 안에는 금으로 된 의자에 앉아 있는 아스모데우스의 딸이 있었다. 공주의 얼굴과 자태는 더할 수 없이 아름다웠다.

"들어오세요."

공주는 디혼에게 들어오라고 손짓했다. 디혼은 무심결에 공주 앞에 가 섰다.

"우매한 인간이 어찌하여 아스모데우스 왕이 금한 짓을 했죠? 당신은 오늘 당장 죽게 될 거예요. 내 아버지는 이미 당신이 이곳에 들어온 것을 아셨을 거예요. 지금쯤 칼을 빼들고 당신을 죽이려 달려오고 있을 거예요."

디혼은 얼른 공주의 발아래 엎드려 용서를 빌었다. 그리고 나쁜 뜻은 없었노라고 말했다.

"죽느냐 사느냐는 당신 자신에게 달려 있어요. 왕께서 돌아오시어 이 방에 들어온 것에 대한 문책을 하면 이렇게 대답하세요. '제가 이곳에 들어온 까닭은 공주님을 몹시 사랑하고 있기 때문입니다. 공주님과 결혼하길 원합니다'라고요. 아마 대왕께서 당신의 소원을 들어주실 거예요. 대왕은 당신이 이곳에 온 그날부터 당신이 마음에 들어 나와 결혼시킬 작정이셨죠. 당신이 성서를 잘 알고 있다는 게 대왕의 마음을 움직였던 거예요."

디혼은 공주의 말을 명심했다. 그가 그 방에서 막 나서려 할 때, 크게 노한 아스모데우스가 나타났다.

"감히 나의 명령을 어기다니! 너는 죽어야 마땅하다."

"대왕님, 잠시만 저의 말을 들어주십시오. 제가 공주님을 너무나 사랑한 나머지 대왕님의 명을 어겼습니다. 원컨대 공주님과의 결혼을 허락해주십시오."

"네가 내 딸을 그렇게 사랑한다니 허락하도록 하지. 하지만 전쟁이 끝날 때까지 기다려야 한다."

아스모데우스는 결혼을 승낙하고는 다시 사라졌다. 전쟁터로 돌아간 대왕은 적을 무찌르고 적군을 쑥대밭으로 만들었다. 그는 부하들에게 큰소리로 외쳤다.

"우리는 승리했노라. 자, 이제 돌아가자. 공주의 결혼식이 기다리고 있다."

병사들을 크게 기뻐하며 가축과 닭을 잡아 향연에 대비하였다. 아스모데우스는 사랑하는 딸의 신랑에게 수많은 보물을 선물로 주었다. 결혼증서가 준비되고 신랑이 거기에 서명하였으며 그 나라 장로들도 서명을 했다.

밤이 되자, 신랑과 신부는 신방으로 들어갔다. 공주는 디혼에게 말했다.

"저는 정령이긴 하지만 인간세상의 여자와 다를 바 없어요. 만일 당신이 저를 좋아하지 않는다면 저와 몸을 섞지 말아주세요."

"무슨 말을 그렇게 합니까? 나는 당신을 내 몸처럼 사랑합니다."

"그 말, 맹세할 수 있어요?"

"맹세합니다."

정령인 아내에게 약속을 한 뒤, 디혼은 아내와 함께 몸을 합하였다. 그녀는 곧 아들을 낳았으며, 디혼은 아이를 '솔로몬'이라고 불렀다.

48

공주의 복수

·

디혼이 정령의 세계에 온 지도 어느덧 2년의 세월이 흘렀다. 아들 솔로몬과 즐겁게 놀던 디혼이 갑자기 한숨을 내쉬었다. 옆에 있던 공주가 의아해서 물었다.

"무슨 걱정이라도 있으신지요?"

"걱정은 무슨……. 아무것도 아니오."

디혼은 그렇게 말했지만 우울한 표정은 감추어지지 않았다.

"아무것도 아닌 게 아닌데요. 말씀해보세요."

"실은 인간세상에 두고 온 아내와 자식들이 갑자기 생각나서 그렇다오."

"저에게 싫증이 나서 그러시나요?"

"아, 아니, 그런 것이 아니오. 솔로몬이 놀고 있는 모양을 보니 다른 자식들이 생각났을 뿐이오. 단지 그것뿐이라오."

공주는 디혼이 안쓰러웠지만 단호하게 말했다.

"지난날 저와 한 약속을 잊으셨나요? 함께 첫날밤을 보내기 전에 저를 사랑하지 않는다면 제 곁에 오지 말라고 하지 않았나요? 그런데 지금 과거의 자식이 그립다느니, 아내가 그립다느니 한다면 그때의 당신의 맹세는 어떻게 되는 건가요? 아무리 인간세상이 그립더라도 다시는 그런 내색을 하지 마세요."

공주는 디혼에게 2년 전의 약속을 상기시켰다. 디혼도 마음을 다잡은 것 같았다. 그런데 며칠이 지나자 디혼은 다시 한숨을 내쉬었다. 상심해 있는 것이 역력했기에 아내는 슬쩍 동정이 갔다.

"그렇게 보고 싶으면 당신을 보내드리지요. 당신의 부인과 아들 생각으로 근심에 차 한숨을 몰아쉬는 것을 더 이상 볼 수가 없군요. 하지만 돌아올 시간을 분명히 정해놓고 가세요."

"정말 그렇게 해도 되겠소?"

"얼마 동안이나 다녀오시겠어요?"

"그것은 당신이 결정하시오. 난 당신의 결정을 따르겠소."

"그럼, 일 년의 기간을 드리지요. 그러나 일 년 후엔 반드시 이곳으로 돌아오셔야 해요."

"물론이오."

공주는 시종들을 불러 성대한 주연을 베풀었다.

"나의 남편이 첫 번째 부인과 자녀들을 만나보기 위해 인간세상으로 떠나실 작정이다. 너희 중 누가 그곳까지 나의 남편을 모셔다 드리겠는가?"

"제가 모셔다 드리지요."

테이블 끄트머리의 외눈박이 꼽추 시종이 자원했다.

"그분의 고향까지 하루 만에 모셔다 드리겠나이다."

"그렇게 해주겠느냐? 나의 남편의 신변에 해가 없도록 해야 하느니라."

"분부대로 거행하겠나이다."

공주가 디혼에게 말했다.

"안녕히 다녀오십시오. 그리고 일 년의 기간을 꼭 지켜주세요."

"물론이오. 내 잊지 않으리다. 내가 없는 동안 잘 지내시오."

두 사람의 작별 인사가 끝나자, 외눈박이 시종은 디혼을 어깨에 태우고 날아 그날로 디혼의 고향 마을 근처에 무사히 내려주었다. 날이 새기 시작하자 외눈박이 시종은 인간의 모습으로 바꾸어 디혼과 함께 마을로 걸어 들어갔다. 길을 걷던 중 디혼은 과거에 알고 지내던 사람을 만났다.

"혹시 당신은 배를 타고 나갔던 디혼이 아닙니까?"

"아, 나를 기억하시는군요. 맞소. 내가 디혼이오."

그는 디혼의 대답을 듣자 깜짝 놀라면서도 기뻐하였다.

"내가 빨리 달려가서 이 기쁜 소식을 당신의 부인에게 알리겠소. 당신 부인은 당신을 생각하며 여태껏 홀로 지내고 있다오."

그 사람은 마을 곳곳을 돌아다니며 이 기쁜 소식을 알렸다. 디혼을 알고 있는 사람들은 그를 보려고 마을 입구 쪽으로 몰려나왔다. 디혼은 친척, 친구들 그리고 아내와 자녀들을 다시 만나 감격의 눈물을 흘렸다. 디혼을 아는 사람들은 그를 반기는 뜻에서 성대하게 잔치를 열었다. 이 사람 저 사람의 인사를 받느라 어느새 얼큰하게 취기가 오른 디혼은 하계에서 함께 온 시종을 놀려대기 시작했다.

"넌 왜 외눈박이냐? 그런 꼴로 뭐가 보이느냐?"

외눈박이 시종은 묵묵히 있다가 말했다.

"다른 사람들 앞에서는 저의 결점을 들추지 마십시오."

"꼴같잖은 소리 말아라. 넌 게다가 꼽추이지 않느냐? 그런 흉한 몰골로 어떻게 살아 있을 생각을 했지?"

"왜 그리 어리석게 구십니까? 나를 화나게 해서 좋을 건 없을 텐데요."

꼽추 시종을 실컷 놀려먹은 디혼은 가족에게 그에게도 무언가 마실 것을 가져다주라고 말했다.

"이곳의 음식은 아무것도 먹지 못합니다. 식사 기도를 올리도록 해주십시오. 저는 저의 나라로 돌아가겠습니다."

"마음대로 하거라."

식사 기도가 끝나자 외눈박이 정령은 디혼에게 물었다.

"공주님께 전할 말씀은 없으신가요?"

"나는 이곳에서 영원히 살 것이라고 고하여라. 그 나라에는 두 번 다시 돌아가지 않을 생각이다. 공주는 나의 아내가 아니다. 공주는 사람이 아니고 귀신인데 어찌 인간인 내가 남편이 될 수 있겠느냐?"

"그렇게 함부로 말씀하시면 안 됩니다. 당신은 공주님께 일 년 후에 돌아가겠다고 맹세하지 않았습니까?"

"나는 그따위 맹세를 한 적이 없어!"

디혼은 큰 소리로 첫 번째 아내를 불러 옆에 앉혔다.

"여기 이 사람이 나의 아내다. 이 여자는 나와 마찬가지로 인간이지. 하지만 네가 모시는 공주는 귀신이야."

화가 난 시종은 인사도 제대로 하지 않고 그 자리를 물러나와 버렸다. 그러고는 눈 깜짝할 사이에 하계의 세계로 돌아와 공주 앞에 당도했다.

"나의 남편은 무사히 도착했느냐? 나의 남편이 뭐라고 하더냐? 기뻐하더냐?"

"공주님이 그렇게 궁금해하는 그 사람은 공주님을 사랑하고 있지 않습니다. 그 사람은 첫 번째 아내를 만나자마자 공주님에 대해서는 잊어버리고 말았습니다. 심지어 공주님에 대해 악담을 해대며 두 번 다시 돌아가지 않겠다고 했습니다."

시종의 말에 공주는 속이 상했지만 약속했던 1년 동안은 아무 말도 하지 않고 기다려보기로 작정했다. 꼭 1년이 되는 날, 공주는 외눈박이 꼽추 시종을 불렀다.

"나의 남편을 모시고 오너라. 오늘이 일 년이 되는 날이다."

"그분은 다시 돌아오지 않겠다고 하셨는데요."

"그분이 그렇게 말한 것은 아직 기한이 많이 있기 때문에 그랬을 것이다. 그러니 어서 가 기한이 다 되었음을 일깨우고 오너라."

시종은 공주의 명령을 받들어 디혼에게 찾아갔다.

"이제 약속했던 일 년이 다 되었습니다. 공주님께 돌아가셔야지요."

"너의 주인에게 가서 전해라. 나는 돌아가지 않겠노라고. 일 년 전에 네게 말한 것 같은데, 너는 무엇 때문에 헛수고를 하느냐?"

시종은 다시 공주에게 돌아와 디혼의 말을 그대로 전했다. 공주는 외눈박이 꼽추 시종보다 신분이 높고 점잖게 생긴 다른 시종을 불러 남편을 모시고 오라 시켰다. 두 번째 사자는 디혼을 만나 공주의 마음을 전하고 더 이상 고집 부리지 말고 돌아가자고 설득했다. 그러나 디혼은 강경했다. 그리하여 두 번째 사자 역시 공주에게 슬픈 보고를 할 수밖에 없었다.

"그는 이미 공주님을 사랑하고 있지 않습니다. 그러니 다른 사신을 보내거나 하지 마십시오. 헛수고일 뿐입니다."

두 번째 사자의 보고를 들은 공주는 아버지에게 찾아가 그동안의 디혼에 관한 일을 모두 이야기하고 대책을 의논했다. 아스모데우스는 몹시 화를 냈다.

"걱정 말거라. 내가 군대를 몰고 가 그놈을 데려오고 말 테니까. 만약 그래도 오지 않겠다고 버티면 그놈과 그 마을 사람을 모두 몰살시킬 것이다."

"그런 일로 아버님이 직접 군대를 이끌고 나서신다는 것은 체통을 깎는 일입니다. 그보다도 아버지가 신임하는 신하 몇을 골라주십시오. 그들과 함께 제가 그를 만나보겠습니다. 제가 가면 그 사람도 마음을 돌릴 것입니다."

대왕은 공주의 생각에 동의하여 몇 명의 신하를 공주에게 딸려 보냈다. 공주 일행은 드디어 디혼이 사는 마을에 도착했다. 신하들이 마을에 들어가 사람들을 모두 죽이자고 했다. 그러나 공주는 그들을 진정시키고 기다리라 명했다. 그러고는 이제는 소년이 된 아들 솔로몬을 불렀다.

"애야, 너의 아버지께 가 어머니가 오셨다고 전해라. 그리고 약속대로 어머니가 있는 곳으로 가 함께 살자고 말씀드려라."

솔로몬은 아버지가 잠들어 있는 침대로 다가갔다.

"아버지, 아버지! 눈을 떠보세요."

가만히 부르는 소리에 디혼은 깜짝 놀라 일어났다.

"누, 누구냐? 왜 나를 깨웠지?"

"접니다, 아버지. 당신의 아들 솔로몬입니다."

벌떡 일어나 자신의 아들임을 확인한 디혼은 아들을 꼭 끌어안았다.

"그래, 여기는 어떻게 왔느냐?"

"아버지가 돌아오시지 않기에 제가 왔습니다. 어머니도 함께 오셨으니 어서 돌아가시지요."

"네 어머니가 공연한 걸음을 했구나. 나는 이제 더 이상 네 어머니의 남편이 아니다. 나는 사람이고 그녀는 정령이니, 서로 다른 세계의 사람이 어찌 함께 살 수 있겠느냐? 나는 네 어머니와 함께 갈 수 없다."

"그럼 일 년 후에 돌아오시겠다는 맹세는 왜 하셨는지요? 아버지는 한 입으로 두 말을 하시는군요. 어머니는 아버지와 결혼한 후 아버지를 정성껏 섬겼고, 대왕님께서도 아버지를 아끼시고 다른 정령들보다 더 높은 대우를 하셨습니다. 그런데 무슨 이유로 어머니를 꺼리시고 우리의 세계로 돌아오길 거부하시는 겁니까?"

"그런 이야기는 더 이상 하지 말자. 그때 내가 맹세를 한 것은 사실이지만, 그것은 이곳으로 오기 위해 했던 것일 뿐 처음부터 지킬 생각은 없었다. 난 지금 이곳에서 행복하다."

"아버지의 생각이 그러시다면 더 이상 말씀드리지 않겠습니다. 하지만 아버지는 맹세를 깨뜨린 죄의 대가를 톡톡히 받으실 겁니다."

솔로몬은 어머니에게 돌아가 아버지와 나눈 이야기를 자세히 고하였다. 공주는 가득 찬 분노로 몸이 부들부들 떨릴 정도였지만 감정을 억눌렀다.

"내가 한 번 더 참지. 마을 회당으로 가 남편의 일에 대해 사제들이 어떻게 판결을 내리는지 들어보기로 하자."

공주 일행은 날이 밝기를 기다렸다. 주민들이 회당으로 모여들자 공주는 회당으로 들어갔다. 성가가 끝나기를 기다렸다가 사제들에게 말했다.

"여기 모이신 분들께서 현명한 판단을 해주시길 바랍니다. 여러분과 한 마을에 살고 있는 디혼은 나의 남편입니다. 그 사람이 죄를 짓고 우리나라로 도망쳐온 것을 저의 아버지인 아스모데우스 왕이 불쌍히 여겨 구해주셨을 뿐만 아니라 잘 보살펴주셨습니다. 그는 저와 결혼을 하고 결혼증서에도 서명하였으며 평생 나를 버리지 않겠다고 맹세했습니다. 그런데 지금 디혼은 나를 배신하고 나 아닌 다른 부인과 이곳에 살겠다고 합니다. 그의 행동이 옳은지 그른지, 여러분이 올바른 판결을 내려주시길 바랍니다."

회당의 사제들은 디혼에게 물었다.

"그대는 왜 저 여인을 버리려고 하는가?"

"제가 이 여인과 그런 약속을 했던 것은 두려움 때문이었습니다. 저는 이 사람과 살고 싶은 마음이 없습니다. 인간인 제가 어떻게 정령인 여자를 아내로 삼겠습니까? 이 여인은 자기 나라로 돌아가서 자기와 같은 정령을 남편으로 맞아야 할 줄로 생각합니다. 저는 이 인간세상에서 처음 결혼했던 아내와 살고자 합니다."

공주는 다시 한 번 사제들에게 말했다.

"여러분은 아마도 저의 남편 디혼에게 죄가 있다고 판결하시리라 생각합니다. 하지만 디혼이 저렇게 말한다면 사제들께서 어떠한 판결을 내리시든 나는 저 사람과 함께 돌아갈 생각이 없어졌습니다. 그 대신 꼭 한 가지 소원이 있습니다. 마지막으로 디혼과 키스할 기회를 허락해주십시오."

사제들은 디혼에게 이 여인의 소원을 들어주라고 명하였다. 디혼은 마지못해 공주에게 다가가 키스를 하였다. 공주는 그 순간을 놓치지 않고 디혼의 목에 팔을 감고 조르기 시작했다.

"이것은 당신이 맹세를 깨뜨리고 나를 웃음거리로 만든 것에 대한 벌이에요. 당신은 나를 일생 독신으로 만들 테니 당신의 부인도 일생 독신이 될 거예요."

디혼은 힘없이 팔을 내젓다가 이윽고 숨이 끊어졌다. 그녀는 회당의 사제들에게 명했다.

"당신들도 죽기 싫다면, 나의 아들 솔로몬을 여기에 두고 갈 테니 훌륭하게 키워서 당신들의 왕으로 삼으시오. 솔로몬은 인간의 피를 이어받았으니 이 세상에 남아 있어야 하오."

　이야기를 마치고 공주는 다시 하계의 나라로 돌아갔다. 회당에 모인 사제들은 공주의 바람대로 솔로몬을 훌륭하게 키웠다. 그리고 훗날 왕으로 추대하여 왕위를 이어받도록 하였다.

49

아담의 아들

•

어느 고을에 독실한 신앙을 가진 노인이 있었다. 그는 대단한 부자였으나 나이가 들어 죽을 날이 얼마 남지 않았다. 죽음을 예감한 그는 아들 내외를 불러들였다.

"내가 죽거든 내 재산은 모두 네가 물려받도록 해라. 그리고 하느님의 율법을 지켜 도리에 어긋나는 짓은 하지 않도록 해라."

아들 조던과 그의 아내는 아버지의 유언을 명심해서 들었다.

"한마디만 더 하마. 내가 죽고 상이 끝나면 시장으로 가 노점 상인들이 모여들 때까지 기다려라. 그러다가 네가 맨 처음 만나는 상인에게서 물건을 사라. 꼭 사야 한다. 그리고 그 물건을 소중히 간직하도록 해라."

유언을 마친 후, 노인은 세상을 떠났다. 아들 내외는 관례에 따라 30일

간 곡을 하였다. 상을 치른 후, 아버지의 유언에 따라 조던은 시장에 나

갔다. 얼마 동안을 기다리자 아름답게 조각된 작은 상자를 든 남자가 나

타났다.

"그 상자는 팔 것입니까?"

"팔려고 가져왔지요."

"내가 사겠습니다. 얼마를 드릴까요?"

"금화 백 냥만 내십시오."

"그 작은 상자에 백 냥이라니 너무 비싸요. 육십 냥으로 합시다."

조단이 물건값을 깎자 그 사람은 아무 말도 않고 돌아서 가려 했다. 조

던은 마음이 급해졌다. 저 물건을 사지 못한다면 아버지의 유언을 저버

리는 게 된다! 조던은 상인을 붙잡았다.

"좋소. 백 냥 내겠으니 내게 파시오."

그 남자의 대답은 엉뚱했다.

"이백 냥 내시오. 그 이하라면 아예 말을 마시오."

상인은 또 가려고 했다. 조던은 아버지의 유언을 저버리게 될까 봐 전

전긍긍했다.

'아무리 비싸더라도 아버님의 유언을 지켜야 하지 않을까?'

조던은 다시 한 번 상인을 붙잡았다.

"좋소. 당신이 원하는 대로 드리죠."

"금화 천 냥 내시겠소? 금액에서 한 푼이라도 깎으려 하는 건 아마 헛수고가 될 것이오."

조던은 망설이는 바람에 백 냥의 열 배가 되는 값을 치르고 그 상자를 사게 되었다. 상자를 받아 가지고 온 조던은 집에 들어오자마자 뚜껑을 열어보려고 했다. 그러나 아무리 애를 써도 열리질 않았다.

얼마 후, 아버지의 제삿날이 되어 아내와 함께 식탁에 앉았을 때 조던이 아내에게 말했다.

"그 상자를 가져오시오. 오늘 돌아가신 아버님을 생각하는 뜻으로 이 식탁 위에 놓아둡시다."

아내는 남편의 말에 따라 그 상자를 가져다 식탁 위에 올려놓았다. 조던이 시험 삼아 손을 대보니 이번엔 상자가 힘없이 열리는 것이었다. 조던은 얼른 뚜껑을 열고 안을 들여다보았다. 그 안에 작은 상자가 또 하나 들어 있었다. 조던은 그 작은 상자도 열었다. 그러자 그 안에는 뜻밖에도 개구리 한 마리가 들어 있었다.

부부는 깜짝 놀랐으나 가까스로 정신을 차리고 개구리에게 먹을 것을 주었다. 개구리는 맛있게 받아먹고 나더니 조던의 얼굴로 팔짝 뛰어올라 입을 맞추었다. 그러고는 다시 작은 상자 속으로 들어갔다. 조던은 상자를 다시 닫았다.

그리고 때맞춰 먹이를 주며 정성껏 키웠다.

"아버님께서 특별히 유언을 하신 것을 보면 무슨 이유가 있을 것이오. 우리 이 개구리를 잘 키워봅시다."

두 사람의 정성스런 보살핌 덕분에 개구리는 무럭무럭 자라 곧 그 상자가 비좁을 지경이 되었다. 개구리가 자람에 따라 점점 더 큰 상자로 옮겨주기를 몇 번, 얼마 후에는 아예 방을 만들어주어야 할 정도가 되었다.

개구리가 지칠 줄 모르고 자람에 따라 그와 비례하여 개구리 사육에 드는 비용도 엄청나게 늘어났다. 조던이 부자이긴 했지만 수년 동안 개구리를 사육하다 보니 가세가 견뎌내질 못하게 되었다. 조던 내외의 살림은 하루하루 쪼들려갔다. 그리고 개구리의 몸은 엄청나게 커져서 실내에 들여놓지 못하고 아예 뜰에서 키울 수밖에 없게 되었다.

"여보, 어떻게 하면 좋겠소? 더 이상 먹이를 살 돈이 없고, 개구리는 저렇게 한도 끝도 없이 자라니 이제는 우리까지 굶어 죽게 생겼구려."

생각이 깊은 아내는 조던을 위로했다.

"너무 걱정 마세요. 오늘은 당신의 외투를 팔면 되고, 내일은 저의 목도리를 팔면 되지 않겠어요?"

부부는 굶주리면서도 개구리를 정성껏 키웠다. 드디어 팔아야 할 것이 더 이상 없게 되었을 때, 조던은 신에게 기도를 올렸다.

"신이시여, 저는 아버님의 유언을 충실히 지키기 위해 모든 걸 바쳤습니다. 이제 저희에겐 더 이상의 물건은 아무것도 없습니다. 저희에게 알려주십시오. 저희가 정성을 다하는 저 개구리는 도대체 어떻게 되는 것입니까?"

그의 기도가 끝나자 멀뚱히 앉아 있던 개구리가 갑자기 입을 열었다.

"당신의 기도가 신께 이르렀소. 그래서 신께서 나와 당신의 말을 나눌 수 있는 힘을 주셨소. 그동안 나를 정성껏 돌봐주어서 정말 고맙소. 이번에는 내가 당신의 소원을 들어줄 차례인 것 같군요. 자, 당신이 원하는 것을 말해보시오."

감격에 들뜬 조던이 말했다.

"이 세상에 있는 언어란 언어는 내가 모두 이해할 수 있도록 해주시오. 그게 내가 원하는 것이오."

개구리는 당장 그 소원을 들어주었다. 조던은 인간의 말뿐만 아니라 새나 짐승의 말까지도 이해하게 되었다. 개구리는 조던의 아내에게도 소원을 들어줄 테니 원하는 바를 말하라고 했다.

"그동안 우리 부부는 쪼들리며 어렵게 살아왔어요. 우리 부부가 더 이상 돈 걱정을 하지 않아도 될 만큼의 재산이 있었으면 해요."

"그렇다면 금과 은을 비롯한 보석을 몇 수레 드리지요."

그렇게 말하고 개구리는 깊은 숲 속으로 부부를 데리고 갔다. 그들 부부가 숲에 이르자 뱀, 두꺼비, 곤충 등의 온갖 짐승이 각각 금과 은, 그리고 보석들을 입에 물고 그들 부부에게로 왔다.

그들은 마치 공물을 바치듯이 조던 부부의 발 앞에 쌓아놓았다. 조던 부부는 개구리가 시키는 대로 그 보물들을 수레와 보자기에 담고 또 담았다. 작업이 끝난 뒤, 조던은 개구리에게 물었다.

"꼭 한 가지 묻고 싶은 것이 있소. 당신은 도대체 누구십니까? 어디에서 오셨는지요?"

"나는 최초의 인간 아담의 아들이오. 아담은 이브가 만들어지기 전까지는 금수나 새와 교섭을 하곤 했지요. 아담이 나의 어머니와 교섭을 하여 낳은 것이 바로 나입니다. 나는 천 년을 주기로 몸의 크기가 변합니다. 천 년 동안은 몸이 계속 커지고, 그다음 천 년 동안은 몸이 계속 작아집니다. 내가 이렇게 크게 된 것도 그 성질 때문이지요."

50

하늘이 보낸 엘리야

•

몹시 가난한 가족이 있었다. 그 집은 자식을 여럿 둔 까닭에 부부가 아무리 일을 해도 도무지 가난을 벗어날 수가 없었다. 어느 날, 극도의 궁핍을 참지 못한 아내가 남편에게 말했다.

"시장에 나가보세요. 하느님께서 어쩌면 우리가 굶어 죽지 않도록 좋은 일거리라도 주실지 모르잖아요?"

"시장이라고 더 나은 것이 있겠소? 힘없고 돈 없는 내겐 여기나 저기나 다 마찬가지일 뿐이오."

풀 죽은 남편의 말에 아내는 입을 다물었다. 그러나 아이들이 배고프다고 아우성치자, 아내는 다시 한 번 남편에게 말했다.

"아무래도 시장에 나가보셔야겠어요. 아이들이 굶어 죽는 것을 그냥 보고 있을 수만은 없잖아요."

"그럼 나가겠소. 하지만 뭐, 좋은 일이 있으리라고 기대하진 마오."

아내는 허름한 옷을 한 벌 꺼내어 남편에게 입혔다. 남편은 밖으로 나왔지만 도대체 어디로 가야 할지 몰라 멍하니 서 있었다. 그러다 자신의 신세가 너무나 슬퍼져 눈물을 흘리면서 하늘을 향해 기도를 올렸다.

"하느님, 사방을 둘러봐도 저의 궁핍을 동정해줄 사람은 한 명도 없습니다. 하느님, 어린 자식들이 불쌍합니다. 저희를 가엾이 여기시어 자비를 베푸시옵소서. 만일 그렇게 안 된다면 저희가 더 이상 고생하지 않도록 일찌감치 당신 곁으로 불러주시옵소서."

간절한 기도는 하느님의 심금을 울렸다. 하느님은 엘리야를 시켜 그 불쌍한 가장을 돕도록 했다. 엘리야는 울고 있는 가난한 가장 앞에 나타났다.

"무슨 일로 이렇게 울고 있는가?"

그는 생활의 궁핍함과 불행에 대해 말했다.

"자, 나와 함께 가자. 내가 도와줄 테니 이젠 눈물을 거두어라."

"어떻게 절 돕는다는 말씀이신지요?"

"너는 그런 걱정을 하지 말라. 시장으로 나를 데려가 노예로 팔기만 하면 된다. 그리고 그 대가로 받은 돈을 네가 갖도록 해라. 그러면 되겠지?"

"어떻게 당신을 노예로 팔 수 있단 말입니까? 저에게 노예가 없다는 것은 갓난아이도 다 알고 있는 사실인걸요. 시장에 당신과 함께 가면, 아마 당신이 주인이고 제가 노예라고 할 것입니다."

"아무 염려 말고 내가 시키는 대로만 해라. 그리고 나를 팔면 그 돈에서 한 냥만 나에게 주도록 하라."

사내는 엘리야가 시키는 대로 했다. 엘리야를 데리고 시장에 갔을 때, 누구나 엘리야가 주인이고 사내가 노예라고 생각했다. 엘리야는 모여든 사람들에게 사내가 바로 자신의 주인이며 자신은 노예라고 설명했다.

바로 그때 왕의 신하 하나가 지나가다가 엘리야를 보고는 무언가 짐작 가는 것이 있어 그를 사 왕에게 바쳐야겠다는 생각을 했다. 신하는 사내에게 팔십 냥에 노예를 팔라고 했다. 엘리야는 사내의 귀에 몰래 속삭였다.

"나를 팔십 냥에 왕의 신하에게 팔라."

사내는 시키는 대로 왕의 신하에게 팔십 냥을 받고 엘리야를 팔았다. 그러고는 한 냥을 엘리야에게 주었다.

엘리야는 그 돈을 받았다가 다시 돌려주며 말했다.

"이 돈까지 가져가도록 하라. 그리고 가족과 함께 즐겁게 살아가도록 하라. 이젠 두 번 다시 고생하는 일은 없을 것이다."

엘리야의 도움으로 돈을 벌게 된 사내는 집으로 돌아갔다. 굶주릴 대로 굶주려 곧 쓰러질 것만 같았던 아내와 아이들은 아버지가 사 온 음식을 정신없이 먹었다. 이윽고 아내는 자초지종을 듣고 싶어 했다. 사내는 시장에서 있었던 일을 모두 얘기했다. 그날부터 하느님은 그의 집안에 더욱 은혜를 주어서 행복한 가정이 되었다.

한편 왕의 신하에게 팔려간 엘리야는 왕 앞에 나아가게 되었다. 왕은 엘리야에게 물었다.

"너는 무슨 일을 할 수 있느냐?"

"저는 건축을 잘합니다."

그 무렵, 왕은 도시 외곽에 커다란 성을 쌓으려고 반석들을 실어 나르고, 나무를 베어 넘기고, 건축 기술이 있는 노예들을 수없이 모으고 있는 중이었다. 그러므로 건축에 능한 사람이 대단히 환영을 받았다.

"그렇다면 잘되었구나. 나를 위해 성을 쌓아라."

그러면서 왕은 성의 모양과 크기에 대해 설명했다.

"그리고 또 하나, 건축 기간은 육 개월이다. 그 기간을 넘겨서는 안 돼. 만일 네가 내가 말한 바를 모두 지켜준다면 성이 완성되는 즉시 너를 자유의 몸으로 해주겠으며, 그에 상응하는 보상도 하겠다."

"폐하의 분부대로 하겠나이다. 지금부터 시작하겠으니 신하들에게 명하시어 건축에 필요한 것들을 모두 모아주십시오."

그날 밤, 엘리야는 하느님께 왕이 원하는 성을 만들어주시라 간절히 빌었다. 그 기도가 받아들여져 다음 날 해가 뜨기 전에 왕이 말하던 성이 웅장한 자태를 드러냈다.

왕과의 약속이 이루어지자 엘리야는 즉시 그곳을 떠났다. 성이 완성되어 있다는 보고를 들은 왕은 성을 보러 나왔다. 왕은 더할 수 없이 만족하였다.

"이런 멋진 성을 하룻밤 사이에 이루어내다니, 참으로 대단한 사람이구나."

왕은 사람을 풀어 그 기술자를 찾게 했으나 이미 그는 모습을 감춘 지 오래였다. 왕은 아마도 하느님이 보내신 사자인 모양이라고 속으로 생각했다. 엘리야는 가는 길에 자신을 노예로 팔았던 사내를 다시 만났다.

"아니, 어떻게 이곳에…… 당신은 왕의 신하에게 팔리지 않았습니까?"

"나는 왕이 요구하는 대로 모두 해주었다. 그들은 팔십 냥을 주고 나를 샀지만, 나는 그 돈의 몇 천 배 일을 해주었으니 이제 자유의 몸이 되는 게 당연하지 않겠는가?"

그 말을 듣고 사내는 경건한 마음으로 엘리야를 칭송했다.

51

물고기의 보은

●

어느 마을에 아들에게 날마다 "빵을 물에 던져라. 머지않아 그것을 다시 보게 될 것이다"라는 가르침을 주는 아버지가 있었다.

그 아버지가 죽은 뒤 아들은 아버지의 가르침을 잊지 않고 날마다 호수에 가 조금씩 빵을 떼어 던졌다. 신기하게도 매일 똑같은 물고기가 나타나 그 빵을 받아먹었다. 물고기는 날마다 던져주는 빵을 받아먹고 몰라볼 정도로 자랐다. 급기야 그곳에 사는 다른 작은 물고기들을 위협하기에 이르렀다.

작은 물고기들은 모두 모여 물고기의 왕 레비아탄을 찾아가 호소했다.

"저희 호수에 굉장히 큰 물고기가 한 마리 살고 있습니다. 그놈은 날마다 저희 동료를 잡아먹고 있는데, 저희는 아무 힘도 못 쓰고 있습니다."

레비아탄은 즉시 부하를 보내어 그 악명 높은 물고기를 잡아 오라고 시켰다. 그러나 악명 높은 물고기는 그 물고기를 잡으러 간 물고기들까지 잡아먹고 말았다.

화가 난 레비아탄이 또 다른 물고기를 보냈으나 역시 큰 물고기의 밥이 되고 말았다. 레비아탄은 직접 큰 물고기를 찾아가 꾸짖었다.

"이 호수에 수많은 물고기가 살고 있지만 너처럼 큰 놈은 처음 본다."

"그럴 겁니다. 이 호수 근처에 살고 있는 어떤 남자가 내게 매일 먹이를 던져주어 이렇게 크게 자랐으니까요. 몸이 커지다 보니 식사도 많이 하게 되어 아침에 고기 스무 마리, 저녁엔 서른 마리씩 먹어야 제 생명을 유지할 수 있습니다."

"그렇다고 네 동료를 잡아먹어서야 쓰겠느냐? 죄는 네가 그렇게 자라도록 빵을 던져준 사람에게 있는 것 같다. 내일 너에게 먹이를 던져준 자를 끌고 오도록 하라."

"알겠습니다."

레비아탄의 명령을 받은 물고기는 젊은이가 항상 먹이를 던져주곤 하는 제방으로 가 젊은이가 떨어지도록 함정을 파두었다. 다음 날 젊은이는 평소에 하던 대로 먹이를 던져주려 제방으로 갔다가 갑자기 물속 함정으로 빠져버렸다. 입을 크게 벌리고 기다리던 물고기는 그를 꿀꺽 삼키고는 물속으로 헤엄쳐 레비아탄에게 갔다.

레비아탄은 그 인간을 토해내도록 하고는 자신의 입으로 삼켰다. 레비아탄은 젊은이에게 물었다.

"너는 왜 빵을 물속에 던졌느냐?"

"선친께서 어렸을 때부터 그렇게 하라고 하셨기 때문입니다."

부친의 말을 어김없이 실천하고 있다는 말을 들은 레비아탄은 젊은이를 다시 토해놓았다. 그러고는 이 세상에 있는 일흔 가지 언어를 가르쳐주고는 바다로부터 멀리 떨어진 외딴섬에 혼자 두고 가버렸다.

그곳은 아직 인간의 발이 닿은 적이 없는 곳이었다. 젊은이가 그 섬에 지쳐 쓰러져 있을 때, 어디선가 까마귀 두 마리가 날아와 그의 머리 위를 빙빙 돌며 이야기를 주고받았다.

"아버지, 저 인간을 보세요. 살았을까요, 죽었을까요?"

"글쎄, 잘 모르겠구나."

"인간의 눈알을 하나 파 올까요?"

"내려가지 마라. 만약 저 인간이 살아 있으면 넌 욕을 보게 돼."

그러나 아들 까마귀는 말을 듣지 않고 인간이 누워 있는 곳으로 날아왔다.

레비아탄 덕분에 까마귀가 주고받는 말을 모두 알아들은 젊은이는 아들 까마귀가 가까이 오자 얼른 다리를 움켜잡았다. 아들 까마귀는 비명을 지르며 구원을 요청했다. 아버지 까마귀는 눈물을 뚝뚝 흘리며 젊은이에게 애원했다.

"제발 제 아들놈을 놓아주십시오. 그렇게 해주시면 그 대신 좋은 비밀을 가르쳐드리겠습니다. 일어나셔서 지금 누워 계신 곳을 파보십시오. 그러면 솔로몬의 보물이 나올 것입니다."

젊은이는 아들 까마귀를 놓아주고 누워 있던 곳을 파보았다. 그러자 까마귀의 말대로 솔로몬의 보물이 눈부신 모습을 드러냈다.

아버지의 말을 잊지 않고 실천했던 그 젊은이는 복을 받아 큰 부자가 되었고, 자기 자식들에게도 막대한 재산을 남길 수 있었다.

52

어리석은 인간

•

나그네가 이스라엘을 여행하고 있을 때였다. 길을 가다가 하늘을 올려다보니 아버지 까마귀와 아들 까마귀가 서로 말다툼을 하고 있었다.

"너는 왜 아비 말을 듣지 않았느냐! 풀밭에 쓰러져 있는 인간에게 접근하지 말라고 내가 그렇게 말리지 않았더냐? 그런데 너는 내 말을 듣지 않고 그 인간에게 접근하더니 결국은 붙잡히고 말았지. 그 인간에게 보물이 있는 곳을 알려주고 나서야 간신히 네가 풀려나지 않았느냐? 그것뿐만이 아니야. 너는 모든 일에 아비인 내 말을 전혀 귀담아듣지 않아."

아버지는 조용조용 훈계를 하려 했지만 아들 까마귀는 반성하는 기미를 보이지 않았다. 아버지 까마귀는 마침내 분노가 폭발하여 아들 까마귀를 물어 죽였다. 그러나 노여움이 가라앉자, 곧 자신이 한 짓을 후회했다. 그래서 급히 날아가 풀 한 포기를 구해왔다. 입에 물고 온 풀을 갖다 대자 아들 까마귀가 신기하게도 살아났다. 곧 두 마리의 까마귀는 다정히 함께 날아갔다.

까마귀 두 마리의 행동을 처음부터 끝까지 지켜본 나그네는 떨어져 있는 풀을 주워 주머니 속에 잘 간직했다. 나그네는 다시 길을 떠났다. 한참을 걷다 보니 또 두 마리의 새가 다투고 있는 모습이 눈에 들어왔다. 다툼은 더욱 맹렬해지더니 결국 한 마리가 다른 한 마리를 죽여버렸다.

나그네는 이번에는 무슨 일이 일어날 것인가 궁금하여 숨어서 지켜보았다. 상대가 죽은 후 어디론가 날아갔던 새는 두 시간가량이 지나자 다시 돌아왔는데, 먼저의 까마귀처럼 입에 풀을 물고 있었다. 그리고 그 풀로 죽은 친구를 되살렸다.

나그네는 그 광경을 보고 그 풀이 조금 전 까마귀가 사용했던 풀과 같은 것인가 비교해보았다. 그 풀을 집어 주머니에서 꺼낸 풀과 비교해보니 똑같은 것이었다.

'이 풀이 도대체 무엇이기에 죽은 것을 살려낸단 말인가. 만일 이 풀이 사람의 생명도 구할 수 있다면 이 풀을 가져가 이스라엘의 모든 죽은 자를 살려내야겠다.'

나그네는 이스라엘로 걸음을 재촉했다. 그렇게 한참을 가다 보니 길바닥에 사자 한 마리가 죽어 있는 게 눈에 띄었다. 그는 가지고 있는 풀을 시험해보고 싶은 생각이 났다.

"이 풀이 정말 그런 힘이 있는지 한번 사자에게 시험해보자."

그는 죽어 있는 사자의 몸에 풀을 얹었다. 그러자 사자가 꿈틀대며 일어나더니 나그네를 냉큼 잡아먹었다. 그 순간 처음의 까마귀 두 마리가 날아가다가 인간이 잡아먹히는 광경을 바라보며 말했다.

"참 딱한 인간이네. 그 풀이 어떤 힘을 지녔는지 제 눈으로 똑똑히 보고도 저런 미련한 짓을 하다니…… 쯧쯧."

새의 교훈

•

포수가 새 한 마리를 잡았다. 그런데 잡은 새는 신기하게도 일흔 가지나 되는 말을 자유롭게 할 줄 알았다. 새는 포수에게 애원했다.

"저를 놓아주세요. 그러면 아주 쓸모 있는 교훈 세 가지를 알려드릴게요."

"교훈? 좋아. 그럼 말해보아라. 듣고 나서 널 놓아주지."

"좋아요. 하지만 말하기 전에 저를 놓아주시겠다고 맹세해주세요."

"그래, 맹세하마."

포수의 맹세를 듣자 새는 말을 시작했다.

"첫 번째 교훈은 '이미 지나버린 일은 후회하지 말라'이고, 두 번째 교훈은 '있을 수 없는 일을 말하는 자를 결코 믿지 말라'이고, 마지막 교훈은 '할 수 없는 일을 하려고 해서는 안 된다'입니다."

이 세 가지를 말하고 새는 포르르 날아갔다. 자유의 몸이 된 새는 높은 나뭇가지에 올라앉은 뒤 나무 밑의 포수를 향해 놀려댔다.

"내 꾀에 넘어갔지? 너는 내 말에 넘어가 나를 놓치고 말았어. 내 몸엔 멋진 진주가 달려 있어서 그것이 나를 현명하게 해준단 말이야. 이 바보 같은 인간아."

포수는 새를 놓아준 것을 곧 후회했다. 곧 그는 새가 앉아 있는 나무로 올라가 새를 붙잡으려 했다. 하지만 나무가 워낙 높았기에 중간에 미끄러져 그만 다리를 다치고 말았다. 다리를 절뚝거리며 괴로워하고 있는 포수를 보고 새는 깔깔 웃으며 말했다.

"너는 정말 어쩔 수 없는 멍청이야. 내가 말해준 교훈이 무슨 의미인지 잠깐 동안이라도 곰곰이 생각해봐. 이미 지나가버린 일은 후회하지 말라고 했지? 그런데도 너는 나를 놓친 것을 후회하는군. 그리고 있을 수 없는 일을 결코 믿지 말라고 했지? 그런데도 내가 방금 한 말을 정말인 줄 알고, 내가 정말 값진 진주를 달고 다니는 줄 착각하는군. 나는 어디서나 볼 수 있는 한 마리 새에 불과해. 마지막으로 할 수 없는 일은 아예 처음부터 포기하라고 말해주었는데도 너는 나를 다시 잡으려고 하다가 결국 다리를 다치고 말았단 말이지. '현명한 자에게 한 마디를 하는 것이 우둔한 자에게 백 마디를 하는 것보다 훨씬 낫다'고 하는 까닭을 이제야 알겠네. 인간들이란 왜 전부 너처럼 멍청한지 모르겠어.”

새는 이렇게 쏘아붙이고는 먹이를 찾아 어디론가 날아갔다.

54

다이아몬드의 주인

•

나무를 하며 힘들게 생계를 유지하는 한 현자가 있었다. 그는 언제나 산에서 마을로 나무를 날랐다. 오가는 시간을 줄여 탈무드 공부에 열중하겠다고 생각한 그는 당나귀를 사기로 했다. 그는 한 아랍인에게 당나귀를 샀다. 제자들은 이제 스승이 당나귀를 샀으므로, 더 빠르게 마을과 시내를 오갈 수 있게 되었다며 기뻐했다. 이에 제자들은 냇가에서 그 당나귀를 씻겼다. 그때 당나귀의 목에서 다이아몬드가 나왔다. 이를 본 제자들은 스승이 가난한 나무꾼 신세를 면하고 이제 자신들을 더 많이 가르칠 시간을 갖게 되었음을 기뻐했다.

그러나 현자는 마을로 가 아랍인 상인에게 다이아몬드를 돌려주라고 제자에게 명했다. 이에 제자가 물었다.

"하지만 다이아몬드는 선생님께서 산 당나귀에서 나온 것 아닙니까?"

"나는 당나귀를 산 일은 있지만 다이아몬드를 산 일은 없다. 내가 산 것만을 갖는 게 옳지 않겠느냐?"

현자는 기어코 마을로 가 당나귀를 판 아랍인에게 가 다이아몬드를 돌려주었다. 이에 아랍인이 물었다.

"당신은 당나귀를 샀고, 다이아몬드는 그 당나귀에 딸려 있던 것인데, 어째서 돌려주는 거요?"

현자가 말했다.

"유대의 전통에 따르면 산 물건 외에 우리가 가져서는 안 되오. 그러니 이것을 당신에게 돌려주는 게 맞소."

아랍인은 감탄하며 말했다.

"당신들의 신은 정말 훌륭한 신입니다."

55

당나귀 교훈

●

아키워가 경전에 신경을 쓰지 않았을 때의 일이다. 그의 아내가 남편
에게 간곡히 말했다.

"경전의 가르침을 꼭 익히십시오."

아키워는 부인의 말에 기가 막힌다는 듯이 대꾸했다.

"나를 웃음거리로 만들 참이오? 이렇게 나이를 먹었는데 이제 무슨 일
을 할 수 있겠소?"

"당신이 그렇게 생각하신다면, 꼭 보여드릴 게 있습니다. 나가서 등이
벗겨진 당나귀 한 마리를 끌어다 주십시오."

아키워는 부인의 말대로 등이 벗겨진 당나귀를 끌어왔다. 아내는 그
등에 흙을 얹고 겨자씨를 심었다. 그러자 당나귀의 등에서 신기하게도

싹이 트고 꽃이 피었다.

아내는 아키워에게 당나귀를 끌고 시장에 가보라고 했다. 아키워가 당나귀를 끌고 시장에 가자 그 우스운 꼴을 보고 모든 사람이 껄껄거렸다.

다음 날도 당나귀를 끌고 시장에 갔다. 아키워가 당나귀를 끌고 시장에 가자 그 우스운 꼴을 보고 또 다시 모든 사람이 낄낄거렸다.

그러나 삼 일째 되는 날 당나귀를 끌고 가자 더 이상 관심을 갖는 사람이 없었다. 그 이야기를 하자 아내가 말했다.

"그것 보십시오. 자, 이제 당신도 하느님의 가르침을 받으실 때가 되었습니다. 당신이 경전 공부를 시작하면 첫날에는 누구나 웃을 것입니다. 두 번째 날도 웃겠지요. 하지만 삼 일째 되는 날에는 저 사람은 원래 그러려니 하고 생각하여 더 이상 당신에게 신경을 쓰지 않을 것입니다."

아키워는 어린이들을 가르치는 선생님에게 찾아가 배움을 청했다. 그 선생님은 아키워를 갸륵하게 여겨 알파벳부터 차근차근 가르치기 시작했다.

아키워가 알파벳을 다 익히고 나자, 선생님은 다음 단계로 식사 때마다 드리는 기도를 가르쳤고 사제의 법전을 읽게 하였다.

아키워는 마침내 모든 문자를 이해할 수 있게 되었다. 그다음에 아키워는 현자를 찾아갔다.

"미천한 저에게 탈무드의 가르침을 알려주십시오. 열심히 배우겠습니다."

선생님이 탈무드의 뜻을 읽어주면 아키워는 몇 번이고 되풀이해서 마음에 담았다. 그리고 혼자 있을 때에도 그 구절의 의미를 한 자씩 되새겼다. 그 의미를 미처 모르는 것이 있으면 다시 현자 앞에 가 질문을 하곤 했다. 나중엔 현자도 그의 성실한 태도를 칭찬할 정도가 되었다.

아키워는 경전들과 입으로 전해져 내려오는 가르침을 열심히 익히고 공부하여 마침내 그 숨은 의미들에 대해서도 통달하게 되었다.

56

세 치 혀의 힘

•

어떤 왕이 병들었다. 그 병은 세상에서 보지 못했던 희한한 것으로, 의사는 "암사자의 젖을 먹으면 나을 수 있다"고 말했다. 문제는 암사자의 젖을 어떻게 구하느냐 하는 것이었다.

한 머리 좋은 사내가 사자가 살고 있는 동굴 가까이에 가 새끼 사자를 감췄다가 암사자에게 한 마리씩 주었다. 그리하여 며칠이 지나자 암사자와 그는 퍽 친숙한 사이가 되었다. 그래서 왕의 약으로 쓸 젖을 짜낼 수 있었다.

궁전으로 돌아오는 길에 그는 자기 몸의 여러 부분이 서로 싸우는 꿈을 꾸었다. 몸 안에서 어느 부분이 가장 중요한가를 놓고 서로 다투고 있었다. 다리는 만약 자기가 없었더라면 사자가 있는 곳에 갈 수 없었을 것이라고 말하고, 눈은 보이지 않았더라면 이 장소에 올 수 없었을 것이라고 했다. 심장은 또한 자기가 없었더라면 도저히 여기까지 올 힘이 없었을 것이라고 말했다. 그때 혀가 주장했다.

"만약 말을 할 수 없었더라면, 너희는 아무런 쓸모도 없었을 것이다."

그러자 몸의 각 부분은 일제히 소리쳤다.

"뼈도 없고 전혀 값어치도 없는 하찮은 부분인 주제에, 건방진 말을 하지 말라!"

그런데 궁중에 사내가 이르렀을 때 혀가 말했다.

"누가 가장 중요한지 너희에게 알려주고야 말 테다."

왕이 사내에게 물었다.

"이 젖은 무슨 젖인가?"

사내는 난데없이 말했다.

"개의 젖입니다."

앞서 일제히 나무라던 몸의 모든 부분은 혀가 얼마나 강력한 것인가를 알게 되어 모두 사과했다. 혀는 그들의 사과를 듣고는 다시 말했다.

"아닙니다. 제가 말을 잘못했습니다. 이것은 틀림없는 암사자의 젖입니다."

57

여우의 배

●

어느 날 여우 한 마리가 포도밭 너머에서 어떻게든 그 속에 들어가려고 애썼다. 그러나 울타리가 있어 들어갈 수가 없었다. 여우는 사흘 동안 단식하여 몸을 홀쭉하게 만들어, 간신히 울타리 틈을 비집고 포도밭에 들어가는 데 성공했다.

포도밭에 들어간 여우는 맛있는 포도를 실컷 먹은 다음 포도밭을 빠져나가려고 했다. 그러나 이제는 배가 불러 울타리의 틈을 빠져나갈 수가 없었다. 여우는 할 수 없이 다시 사흘 동안 단식하여 몸을 홀쭉하게 만든 뒤 겨우 빠져나왔다. 여우가 중얼거렸다.

"결국 뱃속은 들어갈 때나 나갈 때나 똑같구나!"